Winterwandern am Wasser

Winterwandern am Wasser

35 Traumtouren an oberbayerischen Flüssen und Seen

Siegfried Garnweidner

BRUCKMANN

INHALTSVERZEICHNIS

Die Loisachau bei Eschenlohe wird von der markanten Zugspitze überragt.

*Über dem zugefrorenen Wagenbrüchsee erheben sich
Alpspitze, Zugspitze und Waxenstein*

INHALTSVERZEICHNIS

Winterwald unter der Bodenschneid

Auf der Fraueninsel, die im Winter besonders reizvoll ist.

Tegernsee und Schliersee

Münchner Osten, Chiemgau und Rupertigau

LIEBE WINTERWANDERER,

das Wasser, Quell allen Lebens, übt auf jeden Naturfreund eine magische Anziehungskraft aus. Vor allem im Sommer, wenn die Badefreuden locken, kommen viele Menschen in ihrer Freizeit an die oberbayerischen Flüsse und Seen, um zu baden oder einfach nur, um die Seele baumeln zu lassen.

Aber im Winter, wenn Schnee und Eis die Ufer in klirrender Kälte verzaubern, das Wasser beinhart gefroren und die Wege tief verschneit sind? Auch dann lockt die schlafende Natur uns Menschen an, aus dem Alltagsmief heraus Frische zu tanken und neue Kräfte zu schöpfen. Mag es Eislauf oder Stockschießen, Langlaufen oder einfach nur Spazierengehen sein, im Winter lassen sich zahlreiche interessante Sportarten an unseren Ufern pflegen. Und wenn dazu die Sonne scheint, geht dem echten Naturfreund das Herz auf.

Was aber, wenn kein Schnee liegt, weil Frau Holle unser schönes Oberbayern verschmäht – wie bei den Recherchen für dieses Buch im Winter 2006/2007, als es so gut wie keinen Schnee gab. Die Seen waren kaum angefroren und Langlauf oder Rodeln meist nicht möglich. Auch solche Bedingungen sind jedoch nicht ohne Reiz, denn alleine das Tanken frischer Luft und die Bewegung tun gut und stärken die Immunabwehr, die ja im Winter besonders schwach ist.

Wer es mit der Abhärtung besonders ernst nimmt, kann wie jener Unerschrockene, den ich am 30. Dezember 2006 am Wörthsee beobachtet habe, auch für ein paar Minuten in den See springen …

Allen Wander- und Wintersportfreunden wünsche ich viele erholsame und entspannte Stunden an unseren schönen oberbayerischen Gewässern und stets eine gesunde Heimkehr.

Ihr

Geologisch interessanter Wasserfall bei der Lechstaustufe 18 nahe Kaufering

Jeder Sonnenstrahl ist im Winter willkommen, wie hier am Hintersee in Ramsau.

Lange wird es nicht mehr dauern, bis der Spitzing-see zugefroren ist, dann ist es vorbei mit dem Spiegelbild der Boden-schneid.

IM WINTER AM WASSER

Im Schnee

Auf geräumten Wegen zu wandern, dürfte niemandem besondere Schwierigkeiten bereiten, wenn der Untergrund gestreut und nicht vereist ist. Doch wie verhält man sich im Tiefschnee, wenn die Route nicht zu erkennen ist?

Dort ist zuallererst die richtige Bekleidung wichtig (siehe unten). Und wenn der Schnee besonders üppig liegt, empfehle ich Schneeschuhe. Sie leisten vor allem in Alpennähe gute Dienste. Solche Schneereifen können süchtig machen, denn auf etlichen Routen wird das Wandern mit diesen breiten Tretern erst möglich.

Bei vereisten Routen muss man gegen das Ausrutschen Vorsorge treffen. Grödel oder kleine »Schneeketten«, die man an die Stiefel schnallt, gewähren auch auf glattem Eis einen sicheren Tritt.

Übrigens: Skispuren und Langlaufloipen sind für Wanderer und Hunde tabu!

Auf dem Eis

Wenn es dem Esel zu wohl wird, geht er bekanntlich aufs (Glatt-)Eis. Doch nicht jeder, der sich auf sicheres Eis begibt, wird gleich zum Esel. Hält man ein paar Sicherheitsregeln ein, werden Eissport und Wandern auf unseren oberbayerischen Seen zu besonderen Höhepunkten. Gefährlich wird es auf dem Eis allerdings, wenn es nicht genügend tragfähig ist. Jeder, der sich auf das Eis wagt, muss sich vorher davon überzeugen, dass es wirklich sicher ist. Auf einem See kann das Eis an verschiedenen Stellen recht unterschiedliche Dicke aufweisen. Ursachen dafür können Bodenwärme, Strömungen, Eisrisse, Zuflüsse und Quellen sein. Schnee ist übrigens ein guter Isolator. Schneebedeckte Eisflächen sind meist dünner und instabiler als blanke. Stauseen sind besonders gefährlich. In kurzer Zeit kann sich ihr Wasserstand ändern und unter der Eisdecke entstehen gefährliche Hohlräume, die von außen nicht zu erkennen sind. Wer trotz aller Vorsicht ins Eis einbricht, muss in kürzester Zeit gerettet werden. Schon nach wenigen Minuten werden die Glieder eines Verunglückten im eisig kalten Wasser

so steif, dass eine Selbstrettung nicht mehr möglich ist.

Bei halbwegs tragfähigem Eis sollte man versuchen, sich flach auf das Eis zu schieben

und ans Ufer zu kriechen. Ist das Eis nicht tragfähig, muss man es mit Fäusten oder Ellbogen zerbrechen und sich einen Weg ans Ufer oder auf tragfähiges Eis bahnen.

An vielen Seeufern finden sich im Winter Eisrettungsgeräte der Wasserwacht, die jedem Helfer zugänglich sind. Diese Rettungsleitern, Schlitten oder anderen flächigen Hilfs-

Auf einsamen Routen, wie hier an der Mangfall, muss man durch den Tiefschnee stapfen.

mittel (Tische, Strauchwerk etc.) schiebt man dem Verunglückten zu, damit dieser sich daran festhalten und auf sicheren Untergrund ziehen kann. Gelingt das nicht, muss sich der Retter – am besten angeseilt – mit weit zur Seite gestreckten Armen und Beinen auf der Eisfläche liegend langsam zum Verunglückten vorschieben.

Menschen, die unter die Eisfläche geraten, sind nur mit professioneller Hilfe von Tauchern zu retten.

In jedem Fall muss man sofort Hilfe holen. Gerettete sind meistens stark unterkühlt. Sie müssen flach gelagert werden, dürfen nicht bewegt und nicht gewärmt werden. Setzen Atmung oder Puls aus, müssen lebensrettende Sofortmaßnahmen eingeleitet werden.

Von der Wasserwacht wird an beliebten Seen Eisrettungsgerät deponiert.

UNFALLMELDUNG	
WER	meldet den Unfall (Name, Telefonnummer)?
WO	ist das Unfallgebiet?
WAS	ist geschehen?
WIE VIELE	Personen brauchen Hilfe?
WETTER	im Unfallgebiet (Sicht, Nebel, Wind usw.)?

Den Rest übernimmt der Rettungsdienst.
Europäische Notrufnummer: 112 (mit GSM-Handys auch ohne SIM-Karte wählbar)
Wetterbericht: 0190/1160–11
www.alpenverein.de
www.bergsteiger.de

Ausrüstung

Gerade im Winter kommt es auf die Wahl der richtigen **Bekleidung** an. Das beginnt bei der *Unterwäsche*. Wer sich in seiner Haut einigermaßen wohl fühlen will und nicht in durchgeschwitzter und vollgesaugter Baumwollwäsche nach einer ausgedehnten Wanderung frösteln möchte, nimmt feuchtigkeitsdurchlässige Funktionswäsche. Zusammen mit Fleecehemden oder Pullovern lassen sie Feuchtigkeit abdampfen. Für den Fall, dass es mal doch zu heiß hergeht, muss man zum Umziehen ein zweites Unterhemd dabei haben. Für Wanderungen im Hochwinter bei Eiseskälte braucht man auf alle Fälle eine lange

Unterhose, sie muss ebenfalls aus feuchtigkeitsdurchlässigem Material bestehen.

Die *Überhose* sollte warm halten und Wind und Feuchtigkeit abweisen. Schließt sie an den Stiefeln dicht ab oder zieht man zusätzlich Schneegamaschen über, bleiben auch die Füße trocken. Damit man Kleinutensilien griffbereit verstauen kann, sind Hosentaschen zweckmäßig. Dazu gehört auch eine gut erreichbare Tasche für die Karte.

Eine *Jacke* aus Faserpelz (Fleece) ist Standard, am besten eine mit Windstopper. So eine Jacke hält warm, trocknet schnell, wenn sie durchgeschwitzt ist, und sie reicht auch bei leichtem Schneefall als Überbekleidung aus.

Bestens ausgerüstete Winterwanderer am Lödensee

Beschauliche Augenblicke am Deininger Weiher

Neuerdings werden vermehrt Jacken aus Softshell-Material verwendet, das ähnliche Eigenschaften aufweist. Bei kräftigem Wind zieht man einen Anorak über. Die guten Modelle sind mit einer Membrane versehen, deren Name meistens auf »-tex« endet. Man sollte von ihnen nicht zu viel erwarten. Extrem leichtgewichtige Über-Anoraks sind auf ein Minimalmaß zu verpacken und nehmen kaum Platz ein, reichen aber unter normalen Verhältnissen über der Fleecejacke für einen guten Windschutz aus.

Handschuhe und Mütze dürfen natürlich auch nicht fehlen.

Vor kräftigen UV-Strahlen und vor beißendem Wind muss man sich schützen. Für die Augen besorgt das eine gute *Sonnenbrille*, die auch seitlich gut abdichtet.

Wenn im Spätwinter die Sonne schon etwas höher steht, ist ein kräftiger *Sonnenschutz* für die Haut besonders wichtig. Schutzfaktoren von 30 und mehr sind auch im Voralpenland sinnvoll. Glitzernder Schnee reflektiert nicht nur das Licht, sondern auch die UV-Strahlung. Das Gleiche gilt übrigens für die Lippen. Auch diese sollten mit einer Feuchtigkeitscreme mit hohem Lichtschutz behandelt werden. So kann man Bläschen- und Herpesgefahr reduzieren.

Wichtig ist natürlich solides **Schuhwerk**. Wanderschuhe reichen aus, wenn kein Schnee liegt. Hat uns aber Frau Holle ihre weiße Pracht beschert, müssen es hohe Stiefel mit griffiger Profilsohle sein. Eine warme Fütterung ist selbstverständlich, und wenn der Schnee etwas höher liegt, braucht man auch Schneegamaschen. In Gebirgsnähe und auf ungeräumten Wegen könnte es sein, dass sogar Schneeschuhe sinnvoll sind. Immer mehr Wanderer sieht man mit Stöcken gehen. Diese brauchen im Winter große Tiefschneeteller. Man sieht fast nur noch Teleskopstöcke. Sie lassen sich in der Länge verstellen, aber wozu? Vor allem billige Modelle haben bisweilen die unangenehme Eigenschaft bei stärkerer Belastung zusammenzurutschen. Deshalb empfehle ich die alten klassischen einteiligen Stöcke in der richtigen Länge. Sie sind billig, halten lange und sind leichter als Teleskopstöcke.

Bei den verzwickteren Touren sollte man auch einen **Kompass** und eventuell sogar einen Höhenmesser dabei haben. Es gibt Armbanduhren mit Höhenmesser und Kompass. Bei Temperatur- und Luftdruckveränderungen werden barometrische Höhenmesser allerdings ungenau.

Wichtig ist auch die richtige **Verpflegung**. Selbst wenn auf den Routen Wirtshäuser liegen – im Winter sind sie oftmals geschlossen. Man braucht also ausreichend zu essen und zu trinken. Kräftige Energiespender sind Müsliriegel, und auch Obst eignet sich gut, den Blutzuckerspiegel rasch wieder anzuheben. Mit besonderer Sorgfalt muss man die Getränke auswählen. Alkoholische Getränke eignen sich nicht, das ist wohl jedem klar. Kohlensäurehaltige Getränke sind besonders schweißtreibend. Deshalb sollten Wanderer, die zum Transpirieren neigen, besser auf derartige Getränke verzichten. Am besten eignet sich wohl heißer Tee in einer Thermosflasche.

Ein **Handy** gehört heute zum Standard und sollte in keinem Rucksack fehlen. Es hat schon oft geholfen, Leben zu retten. Allerdings funktioniert das Mobilfunktelefon nicht in allen Gegenden und auf allen Netzen. Die internationale Notrufnummer 112 kann aber auch aus fremden Netzen und ohne SIM-Karte gewählt werden. Im Notfall sollte man das auf alle Fälle erst versuchen, auch wenn das Gerät keinen Netzempfang anzeigt.

Das Wetter

Normalerweise schlägt das Winterwetter keine Kapriolen, wie wir sie vom Sommer gewöhnt sind. Gewitter kommen höchst selten vor, und krasse Wetterstürze sind weitaus weniger zu erwarten als in der warmen Jahreszeit. Außerdem sind Winterwanderer, was Ausrüstung und Bekleidung betrifft, ohnehin besser auf Kälte, Sturm und Schneefall vorbereitet als sommerliche Spaziergänger. Und doch ist einiges zu beachten. Bei schlechter Sicht (Nebel oder Schneefall) kann selbst bekanntes Gelände im monotonen Weiß-in-Weiß zu einem Irrgarten werden, und auf alte Spuren kann man sich dort keinesfalls verlassen (auch nicht auf die eigene). Wind und Schneefall können die Abdrücke im Schnee sehr schnell verwischen. Im Nebel sind Gefahrenbereiche bisweilen nicht zu erkennen.

Der Winter formt bizarre Eisgebilde (am Ammersee).

Da einige Routen in Gebirgsnähe liegen, sollte man auch beachten, dass es normalerweise mit zunehmender Höhe immer kälter wird. Die Differenz macht etwa ein halbes bis ein Grad Celsius pro hundert Höhenmeter aus. Bei Föhn ist der Temperaturunterschied deutlich größer. In der Höhe ist der Föhnwind eisig kalt und weht sehr heftig, das gehört zu seinem Wesen. Erst beim Abfallen erwärmt und beruhigt er sich. Es kann aber auch ganz anders kommen. Bei Inversionswetter, wie es vor allem im Frühwinter auftritt, wird es oben immer wärmer, während in den Tallagen – meist von einer dicken Nebelschicht getrennt – Kaltluftseen für eisiges Klima sorgen.

Schwierigkeitsbewertung

Bei den in diesem Buch vorgeschlagenen Winterwanderungstouren wird zwischen leichten, mittelschweren und anspruchsvollen Touren unterschieden.

leicht bedeutet, dass es sich um einfache Spaziergänge handelt, die man sich bei jedem Wetter zutrauen kann. Die Wege sind meist geräumt und gut markiert oder beschildert. Mit größeren Steigungen muss man nicht rechnen. Diese Wanderungen eignen sich in der Regel auch gut für Kinder und weniger Sportliche.

mittel Wanderungen dieser Einordnung können größere Höhenunterschiede überwinden, sind nicht immer gut markiert, aber in der Regel beschildert und verlaufen mitunter auch abseits viel begangener Routen. Man muss also über ein gewisses Orientierungsvermögen verfügen und mit Karte und unter Umständen sogar Kompass umgehen können.

anspruchsvolle Wanderungen erfordern zusätzlich bisweilen Trittsicherheit. Vor allem aber ist stellenweise die Routenfindung schwierig, besonders wenn Schnee liegt.

GPS

Wer genauere geografische Angaben zum jeweiligen Standpunkt wünscht, sollte ein GPS-Gerät verwenden, das bei gutem Satellitenempfang die Position fast auf den Meter genau anzeigt. Die Höhe wird unabhängig von Luftdruck und Temperatur angegeben.

Für alle Wanderungen aus diesem Buch können die Routendaten im Internet unter www.bergsteiger.de heruntergeladen werden. Mit dem Kartenprogramm Top50 des Landesamts für Vermessung und Geoinformation können diese Routen am Computerbildschirm anschaulich dargestellt und ausgedruckt werden. Nähere Informationen über die GPS-Routendaten finden sich auf der oben erwähnten Internetseite.

Wald und Wild

Wenn die Landschaft im Winter tief verschneit ist, wird man das Gefühl nicht los, allein mit sich und der abgeschiedenen Natur zu sein. Gerade auf den weniger begangenen Touren, wo man selbst noch eine Spur anlegen muss und wirklich einsam ist, glaubt man fast, die Zeit sei stehen geblieben und die Wildtiere hätten sich zurückgezogen. Wo stecken die Bergbewohner, die im Sommer munter über die Felsen springen oder zwitschernd um die Gipfel fliegen? Die winterlichen Vorlieben der einzelnen Tiere sind sehr verschieden, sodass man deshalb ein paar Grundregeln beachten sollte:

• Nach Möglichkeit dichte Wälder meiden und Wegen und Straßen folgen.
• Sichtbare Wildtiere weiträumig umgehen, wenn das möglich ist. Ansonsten moderat (zum Beispiel durch gedämpfte Unterhaltung) auf sich aufmerksam machen, damit das Wild die Möglichkeit hat, davonzuziehen, ohne schnell fliehen zu müssen.
• Unvermittelt angetroffene Tiere nicht verfolgen, sondern sich abwenden und Zeit für die Flucht einräumen.
• Wildfütterungen meiden.
• Vorhandenen Spuren folgen, wenn diese vernünftig angelegt sind.

Schneefall im Loisachtal bei Wolfratshausen

*Die Amper zwischen
Buchenau und
Schöngeising*

Die Touren

An Amper,
Lech und Ammersee

1 UM DEN LECHSTAUSEE BEI HURLACH

Im Lechfeld

mittel 10,5 km 40 m 3 Std.

ROUTENVERLAUF
Kolonie Hurlach – KZ-Friedhof – Staustufe 18 – Staustufe 19 – Kolonie Hurlach

CHARAKTER
Interessante Wanderung an einem
typischen der vielen Lechstauseen mit
schönen Auwäldern und einem Vogel-
paradies; Fernglas mitnehmen!

AUSGANGS-/ENDPUNKT
Parkplatz an der B 17 bei der Kolonie
Hurlach (575 m)

ANFAHRT
Auf der A 96 bis Ausfahrt Landsberg
am Lech, auf der B 17 nach Norden zum
Ausgangspunkt

GEHZEITEN
Kolonie Hurlach – Staustufe 18 0.15 Std. –
Staustufe 19 1.30 Std. – Kolonie Hurlach
1.15 Std.

MARKIERUNG
Kaum Wegtafeln, keine Markierung

KARTE
Kompass Wanderkarte 1:50 000, Blatt 189
(Landsberg – Lech – Ammersee)

EINKEHR
Keine Möglichkeit

WINTERSPORTMÖGLICHKEIT
Eislauf auf dem Stausee in den frei-
gegebenen Bereichen

INFORMATION
Kaufering, Tel. 08191/55 40,
www.kaufering.de

Der Lech, einst ein ursprünglicher Gebirgsfluss, fließt im Wesentlichen nur noch im Tiroler Lechtal in seinem angestammten Bett. In Bayern wurde er zur Stromgewinnung verbaut. Eine Staustufe reiht sich an die andere. Betrieben werden die Kraftwerke von der BAWAG, der Bayerischen Wasserkraft AG. Allerdings haben sich mit den Stauseen neue Biotope aus zweiter Hand gebildet, die heute Heimat vieler Wasservögel bzw. Zwischenstationen von Zugvögeln geworden sind.

Die hier vorgestellte Wanderung verläuft an dem besonders schönen See zwischen den Staustufen 18 und 19. Aus Gründen des Naturschutzes darf man während der Brut- und Aufzuchtzeiten vom 1. März bis 31. Juli die Auwälder und Uferbereiche nicht betreten. Im Winter sind sie aber frei.

Zur Lechstaustufe 18 Vom Parkplatz neben der Bundesstraße geht es erst einmal gut hundert Meter auf dem Fuß- und Radweg nach Süden und dann links dem Wegweiser zur Kolonie 41 folgend in den Wald hinein. In der Linkskehre des Fahrwegs verlässt man diesen nach geradeaus und biegt auf einen schmalen Forst-weg nach Osten ein. Bei der

*Trübe Winterstimmung
am Lechstausee bei Hurlach*

nächsten Verzweigung muss man nun schräg nach rechts einer undeutlichen Fahrspur folgen und nahezu weglos noch weiter nach rechts eine Lichtung betreten. Durch diese geht es nun gegen Osten weiter, bis in einem schönen, lichten Wald ein Sträßchen erreicht wird.

Auf der rechten Seite liegt der KZ-Friedhof. Dort dreht man nach links ab und schwenkt unter der Stromleitung nach rechts auf eine Schotterstraße ein. Diese führt zur Lechstaustufe 18. Auf dem unteren Weg des Stauwerks quert man nun den Lech.

Mit Fantasie in die Römerzeit Am Nordufer führt eine kurze Straße zum Ufer hinab. Ein kleiner Abstecher lohnt sich, denn am rechten Steilufer tröpfelt kalkhaltiges Wasser über stark bemooste Hänge herab. Dort bildet sich im Moos allmählich Tuff, ähnlich wie bei den berühmten Schleierfällen in der

AN DER SALZSTRASSE

Bereits zu Römerzeiten nutzten die Salzhändler die günstige Lechfurt und später die Brücke der etwa im 6. Jahrhundert gegründeten Siedlung Kaufering (früher Kuferingen und Kufringen; vermutlich nach dem Gründer Kufo). 1021 errichteten die Welfen hier eine der Burgen, die ihr Land entlang des Lechs gegen Ungarneinfälle schützen sollten. Als 1158 Heinrich der Löwe Landsberg gründete und den Lechübergang dorthin verlegte, verlor Kaufering seine Bedeutung und die Burg verfiel. Beim Rathaus von Kaufering erinnert ein Brunnen an dieses älteste Fürstenhaus in Europa.

Ammerschlucht. Der Weiterweg führt wieder zum Fahrweg zurück und auf der Werkstraße zum Hochufer hinauf. Oben muss man links abbiegen, um dem Schlepperweg zu folgen, der über freies Feld geradeaus nach Nordwesten verläuft. Nach rund einem halben Kilometer beschreibt die Fahrspur ein paar sanfte Kurven und führt in den Auwald

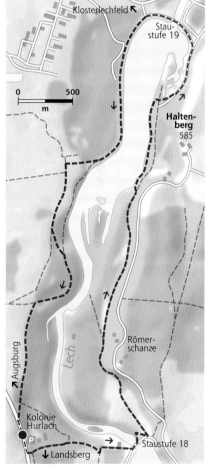

hinein. Hier fand man rechts am Lechhang zahlreiche Scherben aus der frühen Bronzezeit, aus der keltischen und Römerzeit sowie Hinweise auf zwei Anlagen, deren kleinere, nördliche, wohl als Wohnlager, deren südliche mit Wall und Graben vermutlich als Zufluchtsstätte angelegt wurde. Leider kann man diese »Römerschanze« nur erahnen.

Auf dem langen Sträßchen kommt man immer wieder an kristallklaren Grundwasserseen und schmalen Bachläufen vorbei, bis man links abbiegend auf einer Trittspur zum See hinausgehen kann. Diese Trittspur führt direkt am Ufer nach Norden dahin. Vor allem bei Schnee oder Eis muss man auf der schmalen, nahe zum Ufer hinführenden Trittspur aufpassen, dass man nicht ins Wasser fällt.

Biber vor der Staustufe 19 Mit Glück finden sich auf diesem Wegstück Werke von zweierlei – tierischen und menschlichen – Baumeistern: Am Wegesrand kann man bisweilen die Spuren von Bibern sehen (oder erahnen), die kleinere Bäume gefällt oder sogar bei großen, stämmigen Buchen die Rinde rundum abgenagt haben. Um den menschlichen Erfindergeist bewundern zu können, muss man noch um eine Bootsanlegestelle herum und bei einem breiten Zufluss nach rechts abdrehen, um wieder auf das Sträßchen zu stoßen, das nach Norden zur Staustufe 19 weiterführt. Nachdem in ausholendem Linksbogen die Staustufe überquert ist, wandert man auf dem Damm am Westufer des Stausees nach Süden weiter. Nach einem weiten Rechtsbogen endet die Werkstraße. Dort geht es auf einem schmalen Weg ein paar Meter aufwärts, bevor man das Seeufer nach Westen verlassen kann. Hinter einer Waldlichtung knickt die Route vor der letzten Heckenreihe links ab.

Zurück durch Au- und Laubwald Man geht nun an neu angelegten Heideflächen, die als Ersatz für überbaute Biotope geschaffen worden sind, vorbei und biegt nach links auf einen Schlepperweg ab. Dieser schlängelt sich in den Auwald hinab und endet im Unterholz. Man muss sich nun, jedoch nur ein paar Meter weit, durch das Dickicht vorarbeiten, bis wieder eine Fahrspur erreicht wird. Auf ihr geht man nach links

EIN DUNKLES KAPITEL GESCHICHTE

Gegen Ende des Zweiten Weltkriegs mussten in der Nähe von Kaufering im größten Konzentrationslagerkomplex des deutschen Reiches 28 838 jüdische Häftlinge drei unterirdische Bunker zur Produktion des Düsenstrahljägers Messerschmitt Me 262 bauen. Nur etwa 15 000 Häftlinge erlebten die Befreiung durch die amerikanische Armee am 27. April 1945. Infos zur Holocaustgedenkstätte finden Sie unter www.buergervereinigung-landsberg.de

weiter, um danach in weitem Rechtsbogen zu einem Sträßchen weiterzugehen. Man folgt ihm in der gleichen Richtung, geht eine Hangkante hinauf und folgt dieser an ihrem oberen Rand nach links (gegen Süden). Bei der Abzweigung des Fahrwegs heißt es nun geradeaus auf der Hangkante zu bleiben, bis wieder eine schmale Straße erreicht wird, die durch lichten Laubwald zum Ausgangspunkt zurückführt.

... und wird den Reif bald schmelzen.

Sonnenlicht durchdringt des Winters Stille ...

2 VON FÜRSTENFELD NACH SCHÖNGEISING

An der Amper

leicht   12,3 km   30 m   2.30 Std.

ROUTENVERLAUF
Kloster Fürstenfeld – Amperstausee – Schöngeising – Zellhof – Fürstenfeld

CHARAKTER
Leichte Flusswanderung durch die weitgehend ursprüngliche Amperau zwischen Fürstenfeldbruck und Schöngeising; kaum Höhenunterschiede; sehr beliebt

AUSGANGS-/ENDPUNKT
Kloster Fürstenfeld (522 m)

ANFAHRT
Mit der S-Bahn nach Fürstenfeldbruck oder Buchenau (S 8), mit dem Auto von München auf der B 471 oder der B 2

GEHZEITEN
Fürstenfeld – Schöngeising 1.30 Std. – Zellhof 0.15 Std. – Fürstenfeld 0.45 Std.

MARKIERUNG
Wegtafeln

KARTE
Kompass Wanderkarte 1:50 000, Blatt 190 (Augsburg – Dachau – Fürstenfeldbruck)

EINKEHR
Gasthäuser in Fürstenfeld; Gasthof »Zum Untern Wirt« in Schöngeising, Tel. 08141/127 49

WINTERSPORTMÖGLICHKEIT
Eislauf auf dem Löschteich in Zellhof

INFORMATION
Fürstenfeldbruck, Tel. 08141/28-0, www.fuerstenfeldbruck.de; Schöngeising, Tel. 08141/122 21, www.schoengeising.de

Das kulturelle Glanzlicht auf dieser Wanderung findet man gleich beim Ausgangspunkt. Es ist das Kloster Fürstenfeld, das auf den Wittelsbacher Landesherrn Ludwig den Strengen zurückgeht. Er stiftete das Kloster im 13. Jahrhundert, nachdem er seine Gattin, Maria von Brabant, in der Annahme, sie hätte die Ehe gebrochen, gemeuchelt hatte. Erst nach der Hinrichtung forschte Ludwig die wahre Geschichte aus und musste feststellen, dass er seiner Frau Unrecht getan hatte. Zur Sühne stiftete er das Kloster. Sein Sohn, der spätere Kaiser Ludwig der Bayer, nannte es deshalb »Denkmal väterlicher Bußgesinnung«. Dieser Kaiser war eine herausragende Persönlichkeit der Geschichte. Für die damalige Zeit führte er bahnbrechende Neuerungen ein; beispielsweise ließ er das mündlich überlieferte Recht zusammenfassen und führte professionelle, ausgebildete Richter ein. Er starb am 11. Oktober 1347 unterhalb von Puch bei der Bärenhatz. Sein Herz soll in Fürstenfeld begraben sein.

Die Stifter des Klosters, Ludwig der Strenge und Ludwig der Bayer, sind links und rechts des Hochaltars in der Klosterkirche zu sehen.

Die prächtige Klosterkirche Fürstenfeld

Wintermärchen in der Amperau

Von der Klosterkirche zum Amperstausee
Die Wanderung beginnt man sinnvollerweise mit der Besichtigung der Klosterkirche und des neu gestalteten Umfelds, das eine Fülle kultureller Einrichtungen (und auch zwei Wirtshäuser) beherbergt. Der Klosterhof wird nach dem eindrucksvollen Kirchenbesuch gegen Westen verlassen. Man geht am Energiemuseum vorbei, kurz auf der Klosterstraße weiter und zweigt auf einen breiten Spazierweg ab. Der Weg führt beim Kraftwerkskanal anfangs gegen Südwesten an Altwässern vorbei und über die Dammkrone, nach einem Rechtsknick gegen Westen weiter. Es geht

---

NICHT NUR, WENN SCHNEE LIEGT

Der kleine Löschteich in Zellhof eignet sich zum Eislaufen. Schön kann es an der Amper aber auch ohne Schnee und Sonnenschein sein. Wenn Nebelschwaden über dem Fluss wabern, die Schwäne knapp über dem Wasser fliegen und der Fluss vor sich hinplätschert, ist die Route ideal zum Träumen und Sich-Besinnen.

Gedenktafel am Zellhof–Kircherl

nun durch die biotopartig angelegte Seenlandschaft um den Amperstausee herum und zur Autostraße nach Norden hinaus.

Auf dem Uferweg zum Ort zweier Weltberühmtheiten Auf der Autostraße quert man die Amper nach links und geht sofort wieder zum Stausee hinunter. Dem Uferweg muss man nun nach Süden folgen, das »Ameisenstüberl« passieren, die Bahnstrecke unterqueren und rund 800 Meter weiter südlich kurz zur Straße hinaufgehen. Sogleich wendet man sich nun wieder zur Amper hinab, um hinter einem großen Wegkreuz einem relativ schmalen Hangweg zu folgen. Südlich von Buchenau beschreiben Wanderweg und Amper kaum merklich ein paar

Rechte Seite: Lichtspiele

Amper mit aufsteigendem Nebel

Kehren. Der Weg stößt in eine weite Wiese, über die eine Schlepperspur verläuft. Auf ihr geht man bis fast zur Autostraße hinaus. Kurz vor dieser muss man nach links abbiegen und einem Trampelpfad folgend am Rande von Schilfbereichen dahin bis zu einem Sträßchen wandern. Auf ihm wendet man sich nach links, unmittelbar vor der Amper wieder nach rechts und wandert nach Schöngeising hinein. In dieser kleinen Gemeinde, die in enger Verbindung mit dem Zisterzienserkloster Fürstenfeld stand, lebte im 16. Jahrhundert einer der bedeutendsten Komponisten der Hochrenaissance bis zu seinem Tod 1594: der bayerische Hofkapellmeister Orlando di Lasso. Etwa 300 Jahre später baute Oskar von Miller (siehe Tour 21) hier das erste deutsche Drehstromkraftwerk, dessen Generatoren von der vorbeifließenden Amper angetrieben werden.

Von Schöngeising zurück Nach der Besichtigung der Kirche und einer Rast im gemütlichen Gasthaus kehrt man zur Amper zurück und überquert sie am Römerübergang. Sofort nach dem Ampersteg zweigt man nach links ab und wendet sich nach Norden zum Zellhof mit den beiden 300 Jahre alten Zellhof-Eichen, dem liebevoll renovierten Hof und der idyllischen St. Vituskapelle. Zwischen Amperleiten und Amper führt uns die Zellhofstraße durch Auwälder und über freie Wiesen gegen Nordosten nach Fürstenfeldbruck zurück.

3 VON ECHING ÜBER SCHONDORF NACH UTTING

Am Ammersee-Westufer

leicht · 14 km · 60 m · 4 Std.

ROUTENVERLAUF

Eching – Aumühle – Schondorf – Utting – Schondorf – Weingarten – Eching

CHARAKTER

Diese Wanderung führt erst einmal weitab vom Ammersee auf freien, hoch gelegenen Wiesen nach Süden. Von dort hat man bei schönem Wetter einen großartigen Alpenblick. Erst auf dem Rückweg kommt man an den See heran, sodass bei guten Bedingungen auch noch Gelegenheit zum Eislaufen geboten ist.

AUSGANGS-/ENDPUNKT

Parkplatz beim Bad südlich von Eching am Ammersee (534 m)

ANFAHRT

Mit dem Auto auf der A 96 bis zur Ausfahrt Inning, dann unmittelbar südlich der Autobahn nach Westen; beim Kreisverkehr südlich von Eching nach links zum Parkplatz beim Erholungsgebiet

GEHZEITEN

Eching – Schondorf 1 Std. – Utting 1 Std. – Schondorf 1 Std. – Eching 1 Std.

MARKIERUNG

Keine

KARTE

Topografische Karte des Bayerischen Landesamtes für Vermessung und Geoinformation 1:50 000, Blatt UK L1 (Ammersee – Starnberger See und Umgebung)

EINKEHR

Gasthäuser in Eching, Schondorf und Utting

WINTERSPORTMÖGLICHKEIT

Eislauf auf dem Ammersee

INFORMATION

Ammersee-Region Tourismus, Tel. 08191/1 28-2 46, www.ammersee-region.de/tourismus

Auf dieser schönen Rundwanderung muss man auf markierte Pfade verzichten. Gelegentlich wird man zwar ein paar Hinweistafeln auf den Ammersee-Höhenweg finden, doch ist dieser mit der hier vorgestellten Route nicht identisch. Die Wanderung ist beim Hinweg von überwiegend freiem Feld mit schönem, sonnigen Alpenblick geprägt und beim Rückweg am Seeufer mit vielen prächtigen Villen, die auf nicht zugänglichen Ufergrundstücken stehen und angesichts vieler gravierender Bausünden manchen den Kopf schütteln lassen. Dazwischen stehen meist etwas ältere Prachtbauten, die von außen anzusehen eine wahre Freude ist. Hin und wieder kann man auch direkt an den See hinausgehen, so zum Beispiel in Schondorf und knapp südlich des Ausgangspunktes auf Echinger Flur.

Auf Waldwegen nach Aumühle Vom Parkplatz beim Ausgangspunkt in Eching geht es erst einmal auf der Straße nach Süden, bis nach rechts der Finkenweg abzweigt. Ihm folgt man etwas bergauf, verlässt in einer Rechtskurve die Straße geradeaus und wandert auf einem Trampelpfad am Waldrand gegen Westen weiter. Nach einem kurzen Linksschwenk quert man nun einen schmalen Waldgürtel und wandert dann neben ihm dahin, bis ein Schlepperweg etwa 30 Meter in den Wald hineinführt. Dann zweigt man nach links ab und geht den Waldrand entlang. Im dichten Wald links des Weges hat vor mehr als 20 Jahren ein Kapitalverbrechen seinen traurigen Ausgang gefunden. Ein Kind wurde von sei-

Winterlicher Badesteg in Utting

nem Entführer in einer Kiste dort vergraben und musste qualvoll ersticken. Der Täter konnte bis heute nicht gefasst werden.

Anschließend geht es wieder in den Wald hinein und in sanftem Auf und Ab bei Aumühle zur Staatsstraße 2055 (Eching – Schondorf).

Über Wiesen und Felder zum Luftkurort Schondorf Man quert jetzt die Autostraße gegen Westen und wandert auf dem freien Feld in der gleichen Richtung dahin. Bei der Wegverzweigung am Waldrand muss man links schwenken und rund 150 Meter weitergehen, bei der nächsten Abzweigung sich

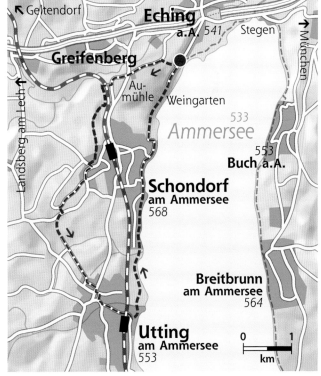

31

RÖMISCHE AUSGRABUNGEN

Etwa 1500 Meter südlich des Ortskerns von Unterschondorf stand vom 2. bis zum 4. Jahrhundert ein römisches Wohn- und Badehaus, dessen Grundmauern im Jahr 1924 von Dr. Heinrich Blendinger und Schülern des Landheims Schondorf freigelegt worden sind. Nähere Informationen dazu finden sich auf einem Gedenkstein an der Stelle, wo einst diese luxuriöse Villa Rustica stand.

rechts halten. Sogleich quert man auf einer Brücke die Bahnstrecke und geht neben den Gleisen sich links haltend nach Süden weiter. Kurz bevor das gering abfallende Sträßchen wieder zur Autostraße führt, muss man nach rechts auf eine Fahrspur zu einem freien Hügel abzweigen. Bei der Entlüftung eines Wasserbehälters heißt es nun, links abzuzweigen und eine Baumgruppe an einer deutlich ausgeprägten Hangkante anzu-steuern. Neben dem Hangabbruch geht es nun weiter nach Süden zur weithin sichtbar auf einer Anhöhe liegenden Kirche St. Anna von Schondorf. Man passiert die stattliche

Annakirche in Schondorf am Ammersee

Kirche, um der St.-Anna-Straße, später der Landsberger Straße durch Schondorf zu folgen. In der Linkskurve der Landsberger Straße, kurz bevor sie wieder etwas abfällt, wendet man sich nach rechts zur Blomberg-straße und verlässt auf ihr Schondorf.

Nach und durch Utting Nun verläuft die Route ein längeres Stück auf einem Feldweg weiter, bis unmittelbar vor einer sanft anstei-genden Geländekuppe nach links eine Fahr-spur abzweigt. Sie führt zum Parkplatz an der Staatsstraße hinaus. Rechts vom Park-platz muss man nun die Autostraße queren, auf einem Fahrweg anfangs nach Süden, später schnurgerade gegen Südosten genau auf den Kirchturm von Utting zugehen. Ut-ting wird an seiner weniger schönen Nord-westseite beim Gewerbegebiet erreicht. Von dort geht es geradeaus am Moosgraben in den Ort hinein. Hinter der Hauptstraße folgt man der Ludwigstraße nach links zum Orts-kern hinab und zu der in architektonischer Meisterleistung erweiterten Kirche. Rechts

der Kirche durchquert man den Friedhof, geht an der Schule vorbei, biegt nach links ab und passiert auf einer Anliegerstraße das Feuerwehrhaus. Die Straße schnürt sich nun zu einem Fußweg zusammen, der neben einem schmalen Bach weiterführt. Der Bach wird auf einem Steg nach rechts gequert, und man geht unmittelbar vor dem Bahngleis rund 100 Meter weit nach rechts. Dann biegt man links ab, unterquert die Bahnstrecke und folgt der Mühlstraße bis zur Seestraße.

Auf dem Uferweg nach Schondorf Auf der Seestraße wandert man nun gegen Norden (also nach links) im Wesentlichen das Seeufer entlang. Im weiteren Verlauf kommt man auf eine breite Promenade und an der Alten Villa, einem im Sommer beliebten Biergarten mit Jazzmusik, vorbei. Später stößt man wieder auf die Seestraße, die nach Schondorf weiterführt. Ihr folgt man weiter bis zum Freibad am nördlichen Ortsrand von Schondorf.

Durch Wald und Flur Beim Bad verlässt die Route die Ufernähe und biegt nach links ab. Bei der nächsten Verzweigung wendet man sich nach rechts zum Weingarten. Auf schönem Weg nun durch dichten Wald an der Tennisanlage vorbei und zum Hinweg, dem man das letzte Stück über Felder und Wiesen zum Ausgangspunkt folgt.

Bei strengem Frost wird es auch den Wasservögeln zu kalt.

DIE SCHONDORFER SANKT-ANNA-KIRCHE

Die ehemalige Pfarrkirche St. Anna wurde 1499 im Auftrag des Klosters Dießen errichtet. Im 17. und 18. Jahrhundert gestaltete man das Kircheninnere des einheitlich gotischen Kirchenbaus um. Im Chor finden sich ausgezeichnete Stuckaturen von 1680, den spätbarocken Hochaltar gestaltete 1725 Franz Schmuzer aus Wessobrunn. An der Decke des Langhauses wurden bei der Innenrestauration 1950 zahlreiche Medaillonfresken sowie die schöne Stuckdekoration aus der Übergangszeit vom Barock zum Rokoko aufgedeckt. Ebenfalls beeindrucken spätbarocke Apostelfiguren in den Muschelnischen des Langhauses, eine Ölberggruppe in der südlichen Vorhalle (vermutlich aus dem 16. Jahrhundert) und der spätgotische Bildstock nördlich der Kirche.

Im Riegsee spiegelt sich das Ammergebirge.

Im Blauen Land an Ammer, Ammersee und Loisach

HERRSCHING – AIDENRIED UND ZURÜCK

Am Ostufer des Ammersees

leicht   13,7 km   20 m   3.30 Std.

ROUTENVERLAUF
Herrsching – Mühlfeld – Wartaweil – Aidenried und zurück

CHARAKTER
Sehr beliebter Spaziergang direkt am See

AUSGANGS-/ENDPUNKT
Bahnhof Herrsching (539 m)

ANFAHRT
Mit der S 5 ab München bis Herrsching; mit dem Auto auf der A 95 bis Starnberg, dann auf Landstraßen zum Ausgangspunkt oder auf der A 96 bis Inning und über Breitbrunn nach Herrsching

GEHZEITEN
Herrsching – Mühlfeld 0.15 Std. – Wartaweil 1 Std. – Aidenried 0.30 Std. – Herrsching 1.45 Std.

MARKIERUNG
Keine

KARTE
Kompass Wanderkarte 1:50 000, Blatt 180 (Starnberger See – Ammersee)

EINKEHR
Gasthaus Aidenried und zahlreiche Cafés, Eisdielen, Hotels und Restaurants in Herrsching

WINTERSPORTMÖGLICHKEIT
Eislauf auf dem Ammersee

INFORMATION
Herrsching, Tel. 08152/3 74-0, www.herrsching.de

Die lange Seepromenade von Herrsching nach Süden über Mühlfeld und Wartaweil bis zum Vogelschutzgebiet südlich von Aidenried und zurück zählt zu den längsten freien Seeuferwegen in Bayern. Jeder Wanderer ist heute glücklich darüber, dass es gelang, die Villenbesitzer dazu zu bewegen, ihre Prachtbauten etwas vom Wasser weg an den Hang zu bauen und das Ufer für die Bevölkerung frei zu halten.

> **AUTOFREIER AUSFLUG**
>
> Wer die Umwelt schonen will, reist mit der S-Bahn an, obwohl es am Bahnhof auch einen kostenlosen Park- und Ride-Parkplatz gibt.

Die Seepromenade entlang Vom Bahnhofsplatz in Herrsching folgt man der Straße »Zum Landungssteg«, bis nach rechts die Seestraße abzweigt. Auf ihr führt der Weg zum Hotel Seehof hinaus und biegt dort nach links auf die Seepromenade ein, auf der man dem Seeufer nach Süden folgt. Ab der Pizzeria ist der Weg gesperrt. Man kann ihn zwar trotzdem benützen, muss aber auf alten Brettern und ein paar Steinen zwei Bäche überqueren, was bei Nässe bisweilen etwas riskant sein kann. Wenn der See zugefroren ist, gibt es natürlich keine Probleme. Wer ganz auf der sicheren Seite sein will, geht beim Italiener ein paar Meter nach links zur Straße hinauf

*Rechte Seite:
Sonnenuntergang
am Ammersee bei
Herrsching*

*Knackiger Winter
am Ammersee
bei Aidenried*

und folgt neben ihr dem Fußweg am barocken Schloss Mühlfeld vorbei, das Herzog Albrecht V. der Großmütige, im 16. Jahrhundert erbauen ließ. An beschilderter Stelle zweigt beim Anwesen Mühlfeld Nr. 46 nach rechts ein Weg ab, der wieder zum See hinunterführt. Beim Pumpwerk Mühlfeld kommt man also wieder zur Seepromenade.

Zur »Weißen Säule von Wartaweil« Auf der Seepromenade geht man nach links, also gegen Süden am mit Schilf bewachsenen Seeufer weiter. Von den prächtigen Villen führen etliche Schienen über den Weg zum See hinab. Mit ihrer Hilfe können die Privatboote bequem ins Wasser verbracht werden. Nach vielen privaten Boots- und Badestegen kommt man beim Schullandheim Wartaweil zu einem öffentlichen Steg und bald darauf zum Naturschutz- und Jugendzentrum Wartaweil des Bundes Naturschutz in Bayern. Unmittelbar daneben steht die »Weiße Säule von Wartaweil« (siehe Kasten). Dann führt der Weg durch das Erholungs- und Badegelände Wartaweil und zum Kiesstrand hinunter.

Gemütliche Rast vor dem Rückweg Auf schmalem Uferstreifen zwischen dem See und der Autostraße wandert man jetzt durch Wald, später am Ufer entlang zum Seerestaurant Aidenried. Von dort kann man noch ein Stück nach Süden in Richtung Naturschutzgebiet Vogelfreistätte Ammersee-Südufer weitergehen, das mit dem Naturschutzgebiet Ampermoos den Ammersee zu den sieben international bedeutsamen Feuchtgebieten Bayerns nach der so genannten Ramsar-Konvention macht. Das Gebiet ist für die Öffentlichkeit gesperrt!
Zurück geht es auf der gleichen Route.

DIE WEISSE SÄULE VON WARTAWEIL

Diese Tuffsteinsäule, die ursprünglich wohl aus den Tuffsteinbrüchen um Weilheim stammte, wurde der Überlieferung nach um 1630 von Fischern errichtet. In der Form ähnelt sie der »Fischersäule von Seeshaupt«, an der, wie die Forscher heute annehmen, das Seegericht getagt haben mag. Außerhalb der Gerichtsverhandlungen versammelten sich hier Reisende und Pilger, um auf eine Überfahrtsgelegenheit zu warten.

5 RIEGSEE-UMRUNDUNG
Im Blauen Land

mittel 9,5 km 35 m 2.30 Std.

ROUTENVERLAUF
Ortschaft Riegsee – Seenordufer – Egling –
Neuegling – Froschhausen – Riegsee

CHARAKTER
Landschaftlich prächtige, nicht sehr lange
Seerundwanderung mit grandiosem Alpen-
blick

AUSGANGS-/ENDPUNKT
Campingplatz in Riegsee (662 m)

ANFAHRT
Auf der A 95 bis Ausfahrt Sindelsdorf,
über die B 472 nach Westen bis Abzweig
nach Aidling, von Aidling nach Süden zum
Ausgangspunkt; mit dem Bus ab Bahnhof
Murnau

GEHZEITEN
Riegsee – Seenordufer 0.30 Std. – Hofheim
0.15 Std. – Egling 0.30 Std. – Froschhausen
0.30 Std. – Riegsee 0.45 Std.

MARKIERUNG
Wenige Wegtafeln

KARTE
Kompass Wanderkarte 1:50 000, Blatt 7
(Murnau – Kochel – Staffelsee)

EINKEHR
Einige Gasthäuser an der Route und am
Ausgangspunkt

WINTERSPORTMÖGLICHKEITEN
Eislauf auf dem Riegsee

INFORMATION
Murnau am Staffelsee, Tel. 08841/61 41-0 ,
www.murnau.de

Der Kenner wundert sich, dass der Riegsee als einer der wenigen bayerischen Seen, die nahezu unverbaut geblieben sind, in der kalten Jahreszeit nicht überlaufen ist. Dieses Kleinod liegt inmitten einer malerischen
Voralpenlandschaft und lädt zu allen Jahreszeiten zu Entspannung
und Erholung ein. Hinter dem See steigt eine märchenhafte Alpenkulisse
an, die sich zwischen Ammergauer Alpen, Wetterstein und Estergebirge
hinzieht und gerade im Winter die mit Schnee bedeckten Berge leuch-
ten lässt.

Seit ein paar Jahren wird dieser Bezirk, der sich bis zum Staffelsee hinzieht, »Blaues Land« genannt. Und in der Tat ist dies die vorherrschende
Farbe in der Winterlandschaft. Sei es der Himmel, die vielen Seen
oder die Alpenkette, alles erstrahlt je nach Lichtstimmung in zahllosen
Nuancen der Farbe Blau.

Die Wanderwege im
»Blauen Land« sind
meist hervorragend
beschildert.

Der Riegsee
vor der Kulisse
des Wettersteingebirges

Durch Wald und über freies Feld Eigentlich kann man die Wanderung beginnen, wo man will. Doch eignet sich der schmucke Ort Riegsee am Ostufer des Sees für Autofahrer am besten, weil es dort Parkplätze beim Campingplatz gibt.

Zuerst einmal geht man also auf einem Fahrweg durch den Campingplatz nach Nordwesten und dann nach einem geringen Rechtsschwenk am Waldrand weiter. Das Sträßchen schnürt sich zu einem angenehmen Wanderpfad zusammen und führt das schöne Ufer des Riegsees entlang. Bei einem Badeplatz endet der Wanderweg. Wer nicht nach rechts zur Straße hinaus will, geht in angemessenem Abstand zum natursensiblen Ufer gegen Norden weglos über

DER LEONHARDITAG IN FROSCHHAUSEN

An der St.-Leonhard-Kirche von Froschhausen treffen sich alljährlich am 6. November, dem Leonhardi-Tag (oder an einem der benachbarten Wochenenden), Hunderte von Reitern und Pferden zur traditionellen Pferdewallfahrt zum hl. Leonhard, bei der auch ein Gottesdienst mit Pferdesegnung stattfindet. Die Kirche ist ein schlichter Bau gotischen Ursprungs, der 1631 barockisiert und 1730 erweitert wurde. Um 1780 erhielt sie eine prächtige Spätrokokoausstattung. Den Kirchenpatron erblickt man im Zentrum des Hochaltars unter einem Baldachin.

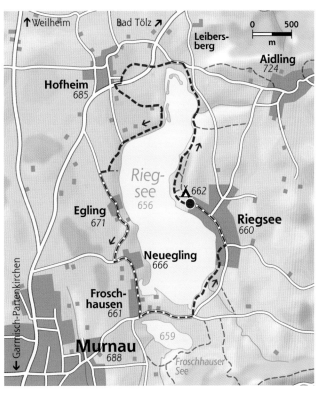

Von der Straßenabzweigung am südlichsten Zipfel des Riegsees könnte man noch einen strammen Ausflug zum Wirtshaus Höhlmühle unternehmen. Aber eigentlich ist das schon ein gesondertes Wanderprogramm.

Ortschaft Hofheim abbiegen, wo schon bald nach links ein Sträßchen abzweigt, das unter der Staatsstraße hindurch in freie Wiesen mündet. Es weist dem Wanderwegeschild folgend nach Südosten und endet bei einem Stadel.

Ein stiller Wintertag am Riegsee

freies Feld weiter und dreht am Nordufer links ab. Zwischen See und Straße kommt man nach Westen zu einem breiten Weg, der im weiteren Verlauf durch einen Tunnel die Staatsstraße 2038 unterquert und in einem Linksbogen bis kurz vor diese Straße führt. Dann muss man nach rechts in die

Am Steilufer entlang ins verträumte Egling Die Route führt nun an der Schranke vorbei und nach rechts abdrehend über dem Steilufer des Riegsees nach Süden dahin. Dabei muss man mehrmals etwas unbequem über Weidezäune hinweg, bis die Route mitten in einen Camping- und Spiel-

platz führt. Dort ist sie wieder beschildert. Sie führt aus dem Freizeitgelände heraus, dreht rechts ab und erreicht eine kaum befahrene Asphaltstraße. Auf ihr geht es nach links weiter und in das verträumte Bauerndorf Egling hinein.

Über Froschhausen zurück In einem Linksknick führt die Route durch die Ortschaft und auf dem Fahrweg zum Poschinger-Schloss am nördlichen Ende von Neuegling. Bei der Straßenverzweigung dreht man nach links ab, passiert in weitem Rechtsbogen Neuegling und wandert nach Froschhausen hinaus. Bei der Leonhardkirche wird die etwas stärker befahrene Riegseer Straße erreicht. Auf ihrer Südseite gibt es einen guten Fuß- und Radweg, der zwischen Riegsee und Froschhauser See etwa 10 Minuten lang nach Osten führt. Bei der folgenden Straßengabelung muss man nach links auf einen beschilderten Fußweg abzweigen. Dieser führt wieder zum See hinaus und im Siedlungsbereich zwischen Hausgärten nach Riegsee zurück. Auf der Dorfstraße geht man durch den Ort und gegen Nordwesten zum Campingplatz zurück.

Im Riegsee spiegelt sich die Nordflanke des Kohlgruber Hörnles.

6 ETTAL – OBERAMMERGAU
Durch das Weidmoos

● 🏃 ⛰ ⏱ 🚆 🎿 ☺
mittel 14,2 km 360 m 3 Std.

ROUTENVERLAUF
Kloster Ettal – Vogelherdweg – Weidmoos – Bärenhöhle – Oberammergau – Ludwigskreuz – Grottenweg – Ettaler Mühle – Ettal

CHARAKTER
Landschaftlich sehr schöne, abwechslungsreiche Rundwanderung mit vielen Sehenswürdigkeiten; Wege nur zum Teil geräumt, auch in der Nähe von Langlaufloipen (diese bitte nicht betreten!)

AUSGANGS-/ENDPUNKT
Kloster Ettal (877 m)

ANFAHRT
Mit dem Auto auf der A 95 bis Ausfahrt Eschenlohe, auf der B 2 nach Oberau, auf der B 23 nach Ettal oder auf der B 23 über Bad Kohlgrub; Bahnverbindung bis Oberammergau; mit dem Bus von Farchant oder Oberammergau nach Ettal

GEHZEITEN
Kloster Ettal – Oberammergau 1.15 Std. – Ettaler Mühle – Ettal 1.45 Std.

MARKIERUNG
Wegtafeln

KARTE
Kompass Wanderkarte 1:35 000, Blatt 05 (Oberammergau und Ammertal)

EINKEHR
Blaue Gams in Ettal, zahlreiche Gasthäuser und Cafés in Oberammergau, Ettaler Mühle

WINTERSPORTMÖGLICHKEIT
Langlauf im Weidmoos

INFORMATION
Gemeinde Ettal, Tel. 08822/35 34, www.ettal.de oder Oberammergau Tourismus, Tel. 08822/92 31 90, www.oberammergau.de

Über dem Loisachtal erstreckt sich der malerische Ort Ettal. Wahrzeichen und Touristenmagnet ist die schmucke Benediktinerabtei mit ihrer markanten Rundkuppel. Nach der Legende war Ludwig der Bayer 1327 nach Rom gezogen, um zum Kaiser gekrönt zu werden. Zahlreiche Missgeschicke ließen jedoch allmählich am Erfolg seiner Mission zweifeln. Deshalb rief Ludwig die Muttergottes an. In diesem Moment erschien ein alter Mönch, der Ludwig prophezeite, er würde die Kaiserkrone und eine würdevolle Rückkehr in seine Heimat erhalten, wenn er die Gründung eines Klosters beim Ampferang gelobte. Ludwig gelobte dieses zu tun, und der eisgraue Mönch übergab ihm ein Gnadenbild Marias. Die politischen und finanziellen Probleme Ludwigs lösten sich in Wohlgefallen auf. 1330 kam er als deutscher Kaiser zurück.

> ### FÜR BAHNREISENDE
> Wer mit der Bahn anfährt, kann die Tour in Oberammergau beginnen und auch dort wieder beenden. Nur Ausgangs- bzw. Endpunkt verschieben sich.

Die berühmte Klosterkirche von Ettal

Noch auf dem Rückweg erinnerte er sich an sein Versprechen und ließ sich den »Ampferang« (Ammerhang) zeigen. Sein Pferd fiel (wahrscheinlich vor Erschöpfung) dort dreimal auf die Knie. Der Kaiser befahl, genau an dieser Stelle das Kloster »ze unserer Frauen etal« zu errichten. Über dem Chorraum der Klosterkirche zeigt ein Fresko diese Legende. Hauptaufgabe der Abtei ist heute der Betrieb des Gymnasiums mit Internat, das einen hervorragenden Ruf genießt. Feinschmecker schätzen die Klosterliköre aus 40 Kräutern.

Von der Klosterkirche ins Weidmoos Die Wanderung beginnt beim Parkplatz beziehungsweise bei der Bushaltestelle neben der Klosterkirche. Von dort spaziert man erst einmal durch das Tor in den Klosterhof, um anschließend die prächtige Rundkirche zu besichtigen. Den Klosterhof verlässt man nach

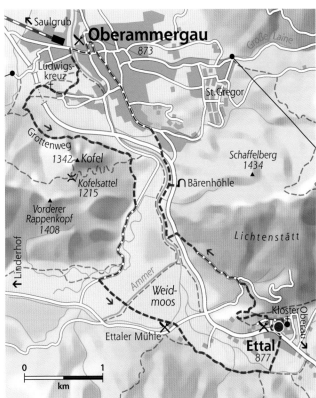

Norden und folgt nach links der Straße. Von ihr zweigt nach rechts ein Treppenweg zum Gasthaus Blaue Gams ab. Vor der Blauen Gams wendet man sich nach rechts den Hang hinauf und zum Höhenweg, der gegen Westen auf den Vogelherdweg stößt, dem man in einem Rechtsbogen zum Wald hinauffolgt. Er führt kurz gegen Osten, dreht dann nach links ab und fällt gegen Norden ab, bis nach drei Bachgräben ein Fahrweg erreicht wird. Ihm folgt man weiter nach Norden. Hinter dem Holzplatz schwenkt man nach links, wandert dann auf einem schönen Waldweg zur Bundesstraße 23 hinab. Die Autostraße querend tritt man ins Weidmoos (siehe Kasten) ein.

DAS WEIDMOOS – EINES DER BERÜHMTESTEN MOORE BAYERNS

Entstanden durch Verlandung eines eiszeitlichen Schmelzwassersees, stellt das Weidmoos heute ein Kalkflachmoor mit vereinzelten Hochmoorinseln dar. Wegen seiner großen Artenvielfalt seltener, geschützter Pflanzen und Tiere wurde es 1982 unter Naturschutz gestellt.

Über die Bärenhöhle zum Passionsspielhaus Im ausgedehnten Weidmoos treten unterirdische Wasserläufe ans Licht und vereinen sich zur Ammer, die dort gelegentlich auch noch Mühlbach genannt wird. Neben ihr wandert man nach Norden hinaus, überquert an beschilderter Stelle nach rechts die Autostraße und erreicht auf einem steilen Serpentinensteig die Bärenhöhle. Schon in einer der allerersten schriftlichen Erwähnungen einer Höhle in den bayerischen Alpen (Mathias Flurl 1792) ist diese Höhle »im dichten Kalksteinfelsen«, die »einen bituminösen Geruch von sich giebt« bereits erwähnt.

Von dort steigt man wieder ins Weidmoos hinab und geht am Ammerdamm nach Norden weiter, bis nach rechts ein Weg in einen Fußgängertunnel abzweigt. Ihm folgt man unter der Straße hindurch, wandert dann links ins Ortszentrum von Oberammergau hinein, an der Pfarrkirche vorbei und zum prächtig bemalten Pilatushaus. Von dort geht es zum Passionsspielhaus weiter.

Hinauf zum Ludwigskreuz Vom Passionsspielhaus kehrt man zurück zur Dorfstraße und wandert gegen Westen zur Ammerbrücke. Gleich hinter der Brücke biegt man nach links ab, folgt dem Fluss nach Süden dahin, bis nach rechts der Weg zur Kreuzigungsgruppe und zum Grottenweg abzweigt. Im Wald geht es nun durch ein paar Kehren hinauf zum Wohnbereich und auf der König-Ludwig-Straße zur Wendeschlaufe. Von dort folgt man der breiten Promenade in Kehren hinauf zum Ludwigskreuz, das von König Ludwig II. nach einem Besuch des Passionsspiels im Jahr 1871 gestiftet wurde.

Sturzblöcke, Mariengrotte und Ettaler Mühle Vom Ludwigskreuz dreht die Route in weitem Bogen nach Süden ab, unterquert die Seilbahn und verläuft unter dem Kofel gegen Osten auf schmalem Waldweg zwischen mächtigen Sturzblöcken zur Mariengrotte über dem Friedhof. Im weiteren Verlauf wandert man am Dottenbühl vorbei gegen Süden zu Fahrwegen. Neben der Straße am Rande des Weidmooses geht es in der gleichen Richtung dahin, bis nach links ein markierter Weg abzweigt. Er quert das Weidmoos und die Ammer nach Südosten, bis er geradewegs die bereits 1701 erbaute Ettaler

Mühle erreicht. Dort wird die Straße gequert, die ins Graswangtal führt. Dabei kommt man an den Rand des Notwaldes heran, dem der Weg nach Osten folgt. Nach längerer Etappe zweigt nach links an markierter Stelle ein Feldweg ab, der nach Norden zum Ausgangspunkt zurückführt.

Linke Seite: Eiszapfen in der Bärenhöhle bei Oberammergau

Ludwigskreuz

7 VON ESCHENLOHE NACH OBERAU UND ZURÜCK

Im Loisachtal

leicht 14 km 45 m 3.15 Std.

ROUTENVERLAUF

Eschenlohe – Pfrühlmoos – Oberau –
Buchwies – Sieben Quellen – Eschenlohe

CHARAKTER

Sehr einfache Wanderung durch das
ursprüngliche Loisachtal auf guten,
nicht zu verfehlenden Wegen

AUSGANGS-/ENDPUNKT

Eschenlohe, Parkplatz an der Loisach am
südlichen Ortsrand (637 m)

ANFAHRT

Auf der A 95 bis Ausfahrt Eschenlohe, von
dort nach Süden bis zum Ausgangspunkt;
Bahnverbindung ab München

GEHZEITEN

Eschenlohe – Oberau 1.30 Std. – Buchwies
0.15 Std. – Sieben Quellen 1.15 Std. –
Eschenlohe 0.15 Std.

MARKIERUNG

Wegtafeln

KARTE

Kompass Wanderkarte 1:50 000, Blatt 6
(Alpenwelt Karwendel)

EINKEHR

Gasthof zur Brücke in Eschenlohe und
Gasthaus Post in Oberau

INFORMATION

Eschenlohe, Tel. 08824/82 28,
www.eschenlohe.de

Zwischen Farchant und Eschenlohe ist das Loisachtal am schönsten. Seine weitgehend ursprünglich gebliebene Auenlandschaft hat sich bis heute ihre einzigartige Schönheit bewahrt. Zwar wurden ein paar Bausünden begangen, beispielsweise das Klärwerk der Gemeinde Oberau oder der Golfplatz bei Buchwies, doch schaden diese dem optischen Erscheinungsbild von Pfrühlmoos, Deublesmoos, Unter- und Oberfilz kaum. Auch die notwendigen Hochwasserschutzmaßnahmen an der Loisach südlich von Eschenlohe wurden mit viel Einfühlungsvermögen und einer Renaturierungsmaßnahme durchgeführt, die einen Gewinn für die Landschaft bedeuten.

Die vielen Quellen im Moos spenden reinstes Wasser. Man kann dies bei den Sieben Quellen und dem daraus entstehenden Mühlbach sehen und beim hochwertigen Trinkwasser, das für die Münchner Wasserversorgung bei Farchant gewonnen wird, auch schmecken.

Flusslandschaft und Bergpanorama Die Wanderung beginnt südlich des Ortskerns von Eschenlohe und führt gleich durch die oben erwähnte neu gestaltete Flusslandschaft neben der Loisach nach Südwesten. Ein Sträßchen schlängelt sich neben dem Gebirgsfluss dahin, und schon dort sind großartige Blicke auf das Wettersteingebirge mit zwei markanten Gipfeln zu bestaunen. Mit weißer Gipfelflanke brilliert die Alpspitze

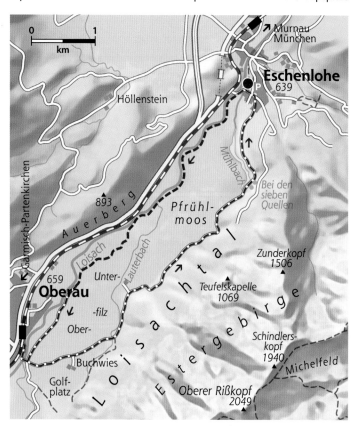

*In der Loisachau
bei Eschenlohe*

(2628 m) im grellen Sonnenlicht und – durch den Jubiläumsgrat damit verbunden – weiter im Westen der höchste deutsche Berg, die Zugspitze (2962 m).

Durch das Moor nach Oberau Beim Pfrühlmoos kommt man schließlich zu einer Brücke. Sie führt über den kristallklaren Lauterbach, der dort in die Loisach mündet. Allmählich wendet sich der Weg von der Loisach ab, verläuft mitten durch das weite Moos und erreicht erst in der Nähe des Klärwerks wieder das Loisachufer. Ab dort geht man auf einem Asphalträßchen weiter und kommt schließlich zur Loisachbrücke südlich von Oberau. Wer in den vom Verkehrslärm geplagten Ort hineingehen will, quert auf der Brücke die Loisach nach rechts, um der Mauthstraße zum Bahnhof zu folgen. Gleich neben ihm steht der Gasthof zur Post, wo man gut einkehren kann.

Die Loisach vor dem Wettersteingebirge mit Alpspitze und Zugspitze

Zum Geotop der »Sieben Quellen« Zurück geht es wieder über die Loisachbrücke und

gegen Osten zum Golfplatz bei Buchwies weiter. Dann dreht der Fahrweg kaum merklich nach links ab, um zum frischen Lauterbach zu stoßen. Dort muss man dem Weg nach Nordosten weiter folgen. Man erreicht einen Schuttkegel, der entstand, als vor einigen Jahren größere Massen Geröll vom Berg herabstürzten.

Wer aufmerksam nach rechts ins Ester- gebirge hinaufschaut, wird unter der Hohen Kisten (1922 m) einen mit einem Kreuz ge- schmückten Felsenzacken erkennen. Das ist die wilde Teufelskapelle, die wie ein Wächter über dem Loisachtal thront.

Im weiteren Verlauf stößt die Route zu dem Geotop der »Sieben Quellen«: Kleine Seen werden von Quellen gespeist, und Rinnsale quellen aus dem Moorboden ans Licht und vereinen sich zum behäbig dahinfließen- den Mühlbach. Auch er glänzt mit reinstem Wasser.

Der Fahrweg dreht links ab, steigt über eine Wiesenkuppe an und führt schließlich wieder nach Eschenlohe hinein.

Der nächste Schnee- schauer kam nach 5 Minuten ...

Am Fuße von Wetterstein- und Karwendelgebirge

8 EIBSEE-RUNDWEG
Im Schatten der markanten Zugspitze

leicht 7,0 km 60 m 1.30 Std.

ROUTENVERLAUF
Eibsee-Hotel – Untersee – Wasserfall – Frillensee – Eibsee-Hotel

CHARAKTER
Nette, sehr beliebte Rundwanderung auf guter, geräumter und gestreuter Promenade

AUSGANGS-/ENDPUNKT
Parkplatz am Eibsee-Hotel (970 m)

ANFAHRT
Mit dem Auto zum Ende der A 95, auf der B 2 durch Oberau nach Garmisch-Partenkirchen, auf der B 23 (Richtung Ehrwald) zur Abzweigung Eibsee, durch Grainau zum Ausgangspunkt; mit dem Bus ab Bahnhof Garmisch-Partenkirchen zum Eibsee-Hotel

GEHZEITEN
Eibsee-Hotel – Westufer 0.45 Std. – Frillensee 0.30 Std. – Eibsee-Hotel 0.15 Std.

MARKIERUNG
Wegtafeln

KARTE
Kompass Wanderkarte 1:50 000, Blatt 5 (Wettersteingebirge – Zugspitzgebiet)

EINKEHR
Eibsee-Hotel, Tel. 08821/98 81-0

WINTERSPORTMÖGLICHKEIT
Eislauf auf dem Eibsee

INFORMATION
Grainau, Tel. 08821/98 15 50, www.grainau.de

S. 50/51:
Wintertraum am Schmalensee; dahinter erhebt sich das Estergebirge mit seiner nur spärlich verschneiten Südseite.

Nach der letzten Eiszeit lösten sich gewaltige Gesteinsmassen aus dem Bayerischen Schneekar auf der Nordseite des Zugspitzmassivs. Dieser riesige Bergsturz schuf den etwa 15 Quadratkilometer großen Kessel, der heute das Einzugsgebiet des Eibsees bildet. Altersdatierungen von Nadelholzresten, die bei geologischen Bohrungen unterhalb des Eibsees gefunden wurden, ergaben ein Alter von 3 700 Jahren. Der tiefblaue See hat nur einen Zufluss, der überhaupt erwähnenswert ist, und das ist der Kotbach. Er speist am westlichsten Seezipfel mit einem Wasserfall den See. Einen oberirdischen Auslauf hat der Eibsee nicht, deshalb wird er als »Blindsee« eingestuft. Das Wasser fließt unterirdisch ab.

Seinen Namen hat der Eibsee von der Eibe bekommen, die früher am Ufer zahlreich zu finden war. Heute gibt es diesen schönen Baum dort nur noch vereinzelt in den umliegenden Wäldern. Die etwas verwinkelte Form des Eibsees mit seinen Nebenseen Untersee, Braxensee und Frillensee sowie den insgesamt acht Inseln macht den besonderen Reiz dieser Erholungslandschaft am Fuße der Zugspitze aus. Kein Wunder, dass der hier vorgestellte Spaziergang zu allen Jahreszeiten sehr beliebt ist.

Zwischen Unter- und Weitsee hindurch Beim Eibsee-Hotel am Ausgangspunkt gibt es einen riesigen Parkplatz für die zahlreichen Gäste, die mit der Bahn zur Zugspitze hinauffahren. Wer sich dem Skirummel am Zugspitzplatt entziehen möchte, wandert vom Eibsee-Hotel gemütlich um den See. Zuerst einmal geht man nach Norden auf dem Waldweg das nordöstliche Seeufer entlang, bis sich nach sanftem Auf und Ab der Weg gabelt. Man wählt dort den linken Weg und überquert auf einem Steg die nur 50 Meter breite Engstelle aus Bergsturztrümmern zwischen Untersee und Weitsee, wie der Hauptteil des Eibsees heißt.

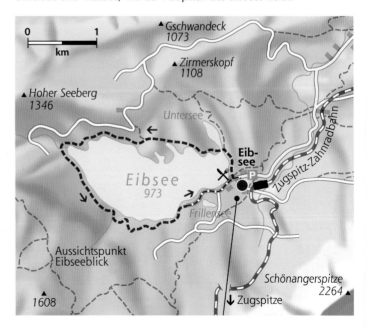

DIE EUROPÄISCHE EIBE

Wegen früherer Übernutzung und Verfolgung als »Unholz« und »Pferdegift« gibt es nur noch wenige Bestände der langsam wachsenden und Schatten liebenden Eibe (botanisch *Taxus baccata*). Der Baum bildet keine Zapfen, sondern ein beerenartiges Gebilde um den Samen herum. Bis auf diesen becherartigen Samenmantel enthalten alle Pflanzenteile stark giftige »Taxine«. Schon etwa 50 Milligramm davon können beim Menschen zu tödlichen Vergiftungen führen! Wegen seiner außerordentlichen Härte und Elastizität galt Eibenholz im Mittelalter als das beste Holz für den Bau von Langbögen und Armbrüsten sowie für Lautenkörper. In der Pflanzenheilkunde wird die Eibe zur Herstellung des Krebsmittels Paclitaxel verwendet.

Nach Westen zum Wasserfall Anschließend geht es auf der geräumten und gestreuten Promenade mal am Ufer, dann wieder im nahen Wald nach Westen dahin. Bei einem nach Norden ausholenden Seezipfel führt der Weg auf einem schmalen Streifen zwischen dem See und dem Steingringpriel, wie ein kleiner Tümpel genannt wird, hindurch und verläuft dann nördlich des Braxensees im Wald weiter. Allmählich kommt man wieder ans Ufer des Weitsees und zum westlichen Seespitz. Hier mündet der Kotbach, einer der wenigen oberirdischen Zuflüsse des Sees, die ganzjährig Wasser führen. Er strömt Kaskaden bildend über steil gestellten Plattenkalk in einem kleinen Wasserfall in den See.

Am »Stinkenden Wasser« vorbei Auf dem dann folgenden Wegabschnitt auf der Südwest- und Südseite des Sees liegt in der Regel etwas mehr Schnee oder Eis als am Nordufer, weil diese Seite kaum der Wintersonne ausgesetzt ist. Man kommt am »Stinkenden Wasser« vorbei, einem Bach, der vermutlich schwefelwasserstoffhaltiges Wasser führt, und erreicht mit 1016 Meter die größte Höhe der Wanderung. Anschließend geht es in leichtem Linksbogen wieder bergab zum Bad und zum kleinen Frillensee, der rechts der Route liegt. Von dort ist es nur noch ein Katzensprung zum Ausgangspunkt am Eibsee-Hotel, in dem man sich bei einer heißen Suppe wieder aufwärmen kann.

Das Eibsee-Hotel

Vom Westufer des Eibsees zeigen sich die Ammergauer Alpen mit der als sommerliches Wanderziel beliebten Schellschlicht.

9 ZU TENNSEE UND SCHMALENSEE

Über die Buckelwiesen

leicht 9,0 km 150 m 2.30 Std.

ROUTENVERLAUF
Tennsee – Buckelwiesen – Schmalseehöhe
– Schmalensee – Tennsee

CHARAKTER
Prächtige, sehr sonnige Wanderung
in freiem Gelände mit großartigen
Ausblicken auf die Berge von Wetterstein-
und Karwendelgebirge

AUSGANGS-/ENDPUNKT
Parkplatz »Tennsee« an der B 2 nordöstlich
von Klais (806 m)

ANFAHRT
Mit dem Auto von Garmisch-Partenkirchen
auf der B 2 bis zum Ausgangspunkt; mit
der Bahn von München über Garmisch–
Partenkirchen bis Klais, ab dort mit dem
Bus

GEHZEITEN
Tennsee – Schmalensee 1.15 Std. – Tennsee
1.15 Std.

MARKIERUNG
Wegtafeln

KARTE
Kompass Wanderkarte 1:50 000, Blatt 6
(Alpenwelt Karwendel)

EINKEHR
Restaurant Tennsee am Ausgangspunkt

WINTERSPORTMÖGLICHKEIT
Langlauf, Eislauf, Rodeln (s. Tippkasten)

INFORMATION
Krün, Tel. 08825/10 94, www.kruen.de

Zwischen dem Tennsee und dem Schmalensee gibt es ein wunderbares Winterwanderrevier mit viel Sonne und großartigen freien Blicken auf die markanten Bergkulissen von Karwendel- und Wettersteingebirge. Auf dieser weiten Hochfläche finden sich die berühmten Buckelwiesen. Durch ständiges Auftauen und wieder Einfrieren des Bodens am Ende der letzten Eiszeit wurde der Untergrund erheblichen Schwankungen unterworfen, die letztlich zur Bildung von kleinen Buckeln im Boden führten.

Einst waren die gesamten Wiesen zwischen Mittenwald und Krün von solchen Buckeln übersät. Damit der Boden für die Landwirtschaft besser genutzt werden konnte, wurden sie vielerorts eingeebnet. Die verbliebenen Buckelwiesen (auch ein Geotop) stehen jetzt unter Schutz und werden uns daher erhalten bleiben.

Über Buckel- und andere Wiesen Vom Parkplatz beim Campingplatz am Tennsee geht man erst einmal zur Wirtschaft, durch den Campingplatz und rechts abzweigend zum Tennsee, der im Winter ohne Wasser ist. Am Nordufer umrundet man die Seemulde und folgt dem Wegweiser nach Klais. Bei der folgenden Abzweigung geht es nach links, auf den sogenannten Buckelwiesenrundweg. Nun folgt eine längere Etappe nach Süden über die freien Wiesen mit dem Namen »Auf dem Tennsee«, bis unmittelbar vor der Bahnstrecke nach links ein Sträßchen abzweigt. Auf ihm etwa 100 Meter weit gegen Osten und anschließend nach rechts auf einen gegen Südosten ansteigenden Weg abzweigen. Er führt über die Buckelwiesen zur Schmalseehöhe hinauf, wo er erst nach links, 100 Meter weiter nach rechts schwenkt. Anschließend fällt er zum Bahngleis und zur Staatsstraße 2542 ab.

Ausblick vom Tennsee zum Wettersteinkamm

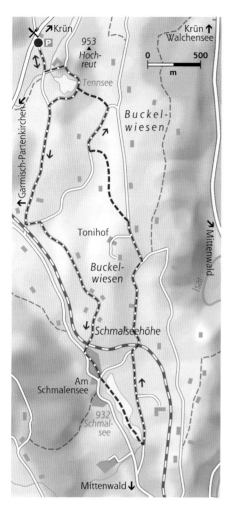

Zur Schmalseehöhe Nur kurz begleitet die Route die Staatsstraße 2542 am Straßenrand. Schon nach 20 Metern dreht sie nach links zur Ortschaft »Am Schmalensee« ab. Bei gutem Eis kann man über den See nach Süden den Forellenhof erreichen, ansonsten muss man dem Ufer oder im schlechtesten Fall dem Straßenrand entlang zum südlichen Ende des Sees folgen. Dort dreht man nach links ab und wandert auf einem Sträßchen

FÜR WINTERSPORTLER

Der Schmalensee liegt am Vormittag im tiefen Schatten des Karwendelgebirges in einer kalten Senke. Er friert deshalb im Winter schnell zu und eignet sich gut zum Schlittschuhfahren. Auf den Buckelwiesen gibt es auch für Rodler ein paar schöne, lange Hügel.

am östlichen Seeufer nach Norden. Immer geradeaus verläuft der Weg unter dem Bahngleis durch. Bei der Verzweigung sich links haltend bleibt man auf dem beschilderten Isarwanderweg. Nun geht man zur Schmalseehöhe hinauf und schwenkt hinter dem Bergbauernhof (Goasalm) nach links.

Von der Goasalm zum Tennsee Bei einer Baumgruppe beschreibt der Fahrweg eine Linkskurve. Bei der sogleich folgenden Straßenverzweigung muss man rechts abbiegen. Die Straße steigt ein wenig an; bevor sie rechts abdreht, biegt man nach links ab und schwenkt auch an der nächsten Kreuzung nach links. Auf dem Wanderweg durchquert man nun kurz einen Waldgürtel und wandert danach zum Tennsee hinab. Durch den Campingplatz erreicht man wieder den Ausgangspunkt.

Auch bei geringer Schneelage kann es am Schmalensee recht schön sein, wenn sich bei schönem Wetter im Hintergrund das Estergebirge (mit den Bergen Bischof und Krottenkopf) zeigt.

10 VOM BARM- ZUM WAGENBRÜCHSEE UND ZURÜCK

Am Fuße des Karwendelgebirges

mittel 10,5 km 130 m 3 Std.

ROUTENVERLAUF

Ortschaft Barmsee – Barmsee – Wagenbrüchsee – Geroldsee – Grubsee – Ortschaft Barmsee

CHARAKTER

Beliebte Wanderung durch eine großartige Landschaft am Fuße von zwei berühmten Gebirgszügen; streckenweise verläuft die Route neben der gespurten Langlaufloipe. Bitte auf keinen Fall in die Skispuren treten!

AUSGANGS-/ENDPUNKT

Ortschaft Barmsee (892 m)

ANFAHRT

Mit dem Auto von Garmisch-Partenkirchen auf der B 2 bis zum Ausgangspunkt; mit der Bahn von München über Garmisch-Partenkirchen bis Klais, ab dort Mit dem Bus

GEHZEITEN

Barmsee – Gerold 1.30 Std. – Grubsee 1.15 Std. – Barmsee 0.15 Std.

MARKIERUNG

Einige Wegtafeln

KARTE

Kompass Wanderkarte 1:50 000, Blatt 6 (Alpenwelt Karwendel)

EINKEHR

Alpengasthaus Barmsee

WINTERSPORTMÖGLICHKEITEN

Eislauf, Langlauf im gesamten Gebiet um Barm- und Geroldsee

INFORMATION

Krün, Tel. 08825/10 94, www.kruen.de

Während am Barmsee das Karwendelgebirge mit seinen im Gegenlicht dunkel wirkenden Felsenflanken dominiert, zeigt sich vom Wagenbrüchsee (auch Geroldsee genannt) das Wettersteingebirge mit dem höchsten deutschen Gipfel, der Zugspitze. Die Schneeflächen an der Alpspitze und im unteren Teil des Höllentalferners strahlen im gleißenden Licht der tief stehenden Wintersonne in ungeahnter Pracht. Und das alles zeigt sich auf der netten Rundtour von seiner schönsten Seite.

Zum Barmsee Vom Parkplatz beim Wirtshaus startet die Tour nach Osten, um der Straße »Am Barmsee« durch den Wohnbereich zu folgen. Die Straße dreht hinter dem Ort kaum merklich nach links ab und führt neben der stark befahrenen Bundesstraße ein Stück gegen Nordosten. Hinter dem Wanderparkplatz zweigt gleich hinter einer Bachbrücke bei einem Stadel nach links ein breiter, geräumter Weg ab. Man folgt ihm neben einem Bachgraben nach Norden zu einer weiteren Brücke. Dort wendet man sich scharf nach links und betritt am Rande einer Wiese gegen Westen den Wald. Am Waldrand, bei den drei Abzweigungen, den mittleren Weg wählen! Dann geht es einen guten Kilometer durch den Wald, bis nördlich des Barmsees ein Fahrweg erreicht wird. Auf ihm führt die Route nach links weiter und gegen Süden an den See heran.

Karwendelpanorama! Bevor man weiterwandert, sollte man die schönen Aussichten auf das Karwendelgebirge vom Badestrand aus bewundern. Anschließend folgt man dem Fahrweg gegen Südwesten, bis sich am westlichsten Ufer des Sees die Route verzweigt. Von dort führt die Route gegen Süden, also geradeaus weiter. Die Loipe und ein Fahrweg verlaufen über eine Auwiese dahin, wobei sie sich immer mehr aufschwingen. Im Wald wird es sogar richtig steil, sodass es bei vereister

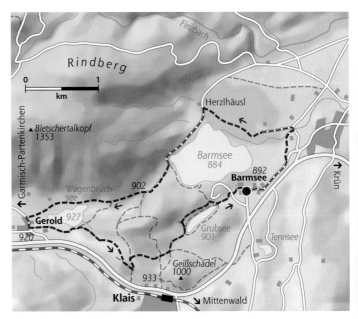

Straßendecke sehr ungemütlich werden kann. Schließlich kommt man bei einem Heustadel zu einem freien Rücken. Auch dort öffnen sich prächtige Panoramablicke auf das Wettersteingebirge.

Zum Südufer des Wagenbrüchsees Hat man den breiten Wiesenrücken überwunden, steht man direkt über dem Wagenbrüchsee, der die großartigen Ausblicke auf das Wettersteingebirge unterstreicht. Der Weg führt nun hinunter und begleitet anschließend das Nordufer des Wagenbrüchsees, bis die kleine Ortschaft Gerold erreicht ist. Im Ort biegt man nach links ab, wandert auf dem Sträßchen nach Süden zur Kapelle und schwenkt etwa 30 Meter hinter ihr nach links. Auf einem Feldweg in der Nähe der Panoramaloipe geht es nach Osten einen gering ansteigenden Hang hinauf, im Wald aber wieder abwärts, bis das Südufer des kleinen Sees erreicht ist.

Am Nordufer des Grubsees Am Südufer biegt man rechts ab, und folgt dem Verlauf der Loipe in eine Hangmulde hinein. Diese läuft in einer weiten Senke aus. An ihrem oberen, südöstlichen Rand geht es durch ein Weidegatter, dann auf einem schmalen Fahrweg durchs Jungholz. Der Wald verdichtet sich und der Weg fällt deutlich ab. Mitten im Wald kommt man zu einem Schlepperweg. Auf ihn scharf nach links abbiegen und forsch aufwärts gehen. Wieder kommt man zur Langlaufstrecke. An ihrem Rand muss man sich rechts halten und der Skistrecke zur Stromleitung folgen. Bei einem Stadel auf einer Lichtung links schwenken. Von dort führt der geräumte Wanderweg zum Grubsee hinaus und an seinem Nordufer in geringfügigem Auf und Ab dahin. Am Seeende dreht man nach rechts ab, geht am Bad vorbei und wandert gegen Nordosten zum Ausgangspunkt zurück.

Die beiden Wanderer nähern sich dem Wagenbrüchsee, der auch Geroldsee genannt wird.

BERGTOUR AUF DEN BLETSCHERTALKOPF

Vom Barmsee ließe sich sogar eine kleine Bergtour auf den 1353 Meter hohen Bletschertalkopf unternehmen. Allerdings muss man sich auf unmarkierten Forststraßen und in der Nähe des unscheinbaren Gipfels sogar mit weglosem Waldgelände herumschlagen.

11 FERCHENSEE UND LAUTERSEE

... aber vorher auf den Kranzberg

mittel   11 km   420 m   3.30 Std.

ROUTENVERLAUF

Mittenwald – Wirtshaus St. Anton –
Kranzberg – Ferchensee – Lautersee –
Mittenwald

CHARAKTER

Prächtige, unschwierige Winterwanderung
auf gestreuten Wegen über einen aussichtsreichen Gipfel zu zwei kleinen Bergseen

AUSGANGS-/ENDPUNKT

Mittenwald, Talstation der Kranzbergbahn
(913 m)

ANFAHRT

Mit dem Auto auf der B 2 über Garmisch-
Partenkirchen bis Mittenwald; mit der
Bahn von München im Stundentakt nach
Mittenwald

GEHZEITEN

Mittenwald – Kranzberg 1.15 Std. – Ferchensee – Lautersee – Mittenwald 2.15 Std.

MARKIERUNG

Wegtafeln

KARTE

Kompass Wanderkarte 1:50 000, Blatt 5
(Wettersteingebirge – Zugspietzgebiet)

EINKEHR

Wirtshaus St. Anton, Kranzberghaus,
Wirtshaus Ferchensee, Gasthaus Lautersee,
Hotel-Café Latscheneck

WINTERSPORTMÖGLICHKEIT

Ski fahren, Rodeln am Kranzberg (Lift) und
Eislauf auf den Seen

INFORMATION

Mittenwald, Tel. 08823/339 81,
www.mittenwald.de

Die beiden viel besuchten Bergseen Ferchensee und Lautersee zu er-
wandern, ist keine große sportliche Herausforderung, denn die schönen
Spazierwege, die zu diesen Kleinodien führen, sind auch im Winter in
bestem Zustand und deshalb leicht und schnell zu meistern. Wer es damit bewenden lassen will, hat Recht. Wer allerdings vorher noch einen
netten Berggipfel besteigen will, hat erst recht Recht. Der Kranzberg
bietet sich dazu an, denn er überragt mit seiner bescheidenen Gipfel-
höhe von 1391 Meter die beiden Seen, und wenn man sich den Hals ein
wenig verrenken will, kann man während der Aufstiegsroute sogar auf sie
hinunterschauen. Knapp unter dem Kranzberg steht das gut geführte
Kranzberghaus, das im Winter für Skifahrer und natürlich auch für die
vielen Wanderer geöffnet ist. Und ein paar Meter über dem Wirtshaus
findet sich direkt auf dem Gipfel eine kleine Hütte, wo man sich bei Wind
und Wetter unterstellen und bei klarer Sicht eine großartige Rundschau
genießen kann. Im Gipfelpanorama dominieren die Berge des Karwendels
und des Wettersteingebirges, die sich mit ihrer Wildheit gegenseitig
nichts schuldig bleiben.

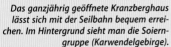

*Das ganzjährig geöffnete Kranzberghaus
lässt sich mit der Seilbahn bequem erreichen. Im Hintergrund sieht man die Soierngruppe (Karwendelgebirge).*

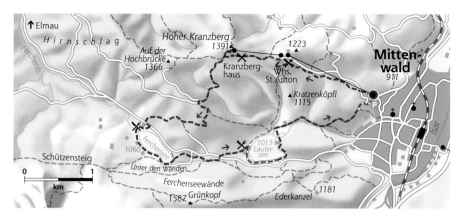

»Gipfelsturm« Unmittelbar beim Parkplatz neben der steilen Skiabfahrt steigt ein schöner, breiter Wanderweg nach Westen in der Nähe der Kranzbergbahn an. Er quert einen Fahrweg und führt dann in der gleichen Richtung weiter, bis er auf der Höhe von etwa 1200 Metern ein wenig nach links (von der Skipiste weg) abdreht und kurz durch den Wald dahinführt. Dann schwenkt er wieder nach rechts und stößt auf das Wirtshaus St. Anton. Von dort geht man nun auf dem Sträßchen weiter und zum Kranzberghaus, wo es einen großen Kinderspielplatz gibt.

Die Rundwege am Kranzberg sind gut beschildert und die Zeitangaben großzügig bemessen.

Der Winter gestaltet skurrile Formen.

ZEIT SPAREN

Wer die 1.15 Stunden für den Aufstieg zum Kranzberg sparen will, kann auch mit der Seilbahn auffahren. Die Kranzbergbahn verkehrt täglich von 9–16.25 Uhr.

Von dort sind es zum Gipfel des Kranzbergs nur noch ein paar Minuten hinauf.

Zum Ferchensee Vom Gipfel wandert man auf dem breiten Bergweg nach Südwesten hinab und folgt den Wegtafeln zu Ferchensee und Lautersee. Im weiteren Verlauf schwenkt der Weg mehr nach Süden. Bei allen Verzweigungen immer in Richtung Ferchensee weitergehen. Nach einem kurzen Stück auf einer Fahrstraße verlässt man diese aber sogleich nach links wieder und erreicht schließlich bergab wandernd das Wirtshaus am Ferchensee. Dort dreht man nach rechts zum Seerundweg ab, um dem südwestlichen Seeufer in tiefem Schatten zu folgen.

Lautersee und Marienkapelle Vom südlichen Ende des Ferchensees führt die Route nun zu einem Querweg hinüber. Dort muss man nach rechts abdrehen. Ein schöner Waldweg führt von hier ein bisschen auf und ab, quert einen Fahrweg und stößt zum Lautersee, der bei der Wirtschaft erreicht wird. Wer schon müde ist, folgt der Straße, die das Nordufer des Sees entlangführt. Schöner ist allerdings auch dort der Seerundweg, der um die Südseite des, auch im Winter sonnigen, Lautersees herumführt und zuletzt über einen Steg zur Straße stößt, die knapp unter der Marienkapelle (Kapelle Maria Königin) erreicht wird. Die schöne Kapelle findet man oft als Motiv auf Weihnachtskarten, hier wird von Juli bis September mittwochs von 11–11:30 Uhr bei jedem Wetter ein Berggottesdienst abgehalten. Ein kurzes Stück folgt man noch der Straße über eine Wiese nach Nordosten und wandert dann in den Wald hinein. Bei der Verzweigung hält man sich links, wo man auf eine schöne Promenade kommt, die – zuletzt auf einer Asphaltstraße – zum Ausgangspunkt zurückführt.

Rechte Seite: Die Marienkapelle am Lautersee gibt ein beliebtes Motiv für Weihnachtskarten ab.

Glasklares Eis am Lautersee, über dem sich die Soierngruppe erhebt.

*Über dem winter-
lichen Walchensee
erheben sich Fahren-
berg, Heimgarten
und Herzogstand.*

Kochelsee und Walchensee

12 VON JACHENAU ZUM WALCHENSEE

Rund um den Fischberg

● 🥾 ⛰ ⏱ 🚌 ⛷ 🛷 ☺
leicht 15 km 150 m 4 Std.

ROUTENVERLAUF
Jachenau – Berg – Sachenbach – Niedernach – Mühle – Jachenau

CHARAKTER
Beliebte Rundwanderung mit guten Einkehrmöglichkeiten in Jachenau

AUSGANGS-/ENDPUNKT
Jachenau (790 m), Wanderparkplatz unterhalb der Kirche neben dem Schützenheim

ANFAHRT
Mit dem Auto von Bad Tölz auf der B 11 über Lenggries nach Wegscheid, dann auf der St 2072 bis Jachenau; mit dem Bus ab Bahnhof Lenggries bis Jachenau

GEHZEITEN
Jachenau – Berg 0.30 Std. – Sachenbach 1 Std. – Niedernach 1Std. – Jachenau 1.30Std.

MARKIERUNG
Wegtafeln

KARTE
Kompass Wanderkarte 1:50 000, Blatt 182 (Isarwinkel)

EINKEHR
Wirtshäuser in Jachenau

WINTERSPORTMÖGLICHKEIT
Langlauf und Eislauf in Jachenau

INFORMATION
Jachenau, Tel. 08043/91 98 91, www.jachenau.de

Ziel dieser Wanderung ist der Walchensee, der einst fast unheimlich wirkte. Schuld daran waren dichte Wälder rund um den See, die gruselige Stimmung, wenn Sturm aufkam und natürlich das Urviech im Wasser, das mit seinem gespannten Schwanz, den es im Maul hatte, das ganze Oberland gefährdete. Der Walchenseewaller, wie dieses gefährliche Tier heißt, ist in letzter Zeit nicht mehr gesichtet worden, doch scheint die Gefahr noch immer nicht gebannt zu sein.

Aus dem natürlichen See ist dank des Walchenseekraftwerks ein Stausee geworden, dessen Wasserstand im Winter stark abgesenkt wird. Das Ufer wurde mit grobem Schotter befestigt, Wildbäche aus der ganzen Umgebung werden in den See geleitet, und so schön, wie der See einmal war, ist er nicht mehr. Trotzdem bleibt er ein Magnet für Wanderer und im Sommer auch für Badegäste, Segler und Surfer.

Über Berg zur Fieberkapelle Von dem Wanderparkplatz folgt man dem ebenen Sträßchen am Eislaufplatz vorbei nach Nordwesten bis zur Verzweigung unmittelbar vor der Kleinen Laine. Dort muss man nach links abbiegen, auf der Brücke den Bach überqueren und ein paar Meter hinaufwandern. Bei der folgenden Verzweigung dreht man nach links ab, um gegen Süden den Wald zu verlassen. Auf freien Hügeln führt der Weg nun in sanftem Auf und Ab auf dem Feldweg zur Straße in der Ortschaft Berg. Im Dorf geht es auf dem Fahrweg scharf nach rechts weiter,

Zaghaft erhebt sich die Morgensonne über dem Walchensee.

bis sich dieser am Waldrand gabelt. Dort muss man nach rechts abzweigen und in den Wald hineingehen. Etwa einen halben Kilometer weiter verzweigt sich der Waldweg, auf dem früher die Kinder zu Fuß von Sachenbach in die Schule nach Jachenau gehen mussten. Eine andere Verbindung gab es nicht. Sich links haltend kommt man zur Fieberkapelle und bald darauf wieder auf eine breite Asphaltstraße.

Auf dem Walchensee-Uferweg Die Straße fällt nun etwas ab und führt im weiteren Verlauf in eine weite Au. Aus ihr sieht man schön zu Martinskopf, Herzogstand und Fahrenbergkopf, drei beliebten Bergwanderzielen, hinüber. Eine Gedenktafel erinnert hier an ein Verbrechen aus den letzten Tagen des Zweiten Weltkriegs, bei dem SS-Soldaten an dieser Stelle eine Frau und deren Tochter gemeuchelt sowie ein weiteres Kind schwer verletzt haben.

Die Straße führt nach Sachenbach hinein und zum Ostufer des Walchensees. Nach einem kurzen Rechtsschwenk knickt die Route scharf links ab, um auf einem Fahrweg eine Landzunge abzuschneiden, ehe sie auf dem schönen Uferweg im Wesentlichen nach Süden weiterführt. Bei der Abzweigung des Radwegs geht man nach rechts weiter und lange am Seeufer dahin, bis man auf der Höhe der Insel Sassau zum Sträßchen stößt, das nach Niedernach hinausführt.

Zurück nach Jachenau In Niedernach führt die Route am Polizeiheim und der Wirtschaft vorbei und noch vor dem Parkplatz nach rechts am Wehr über die Jachen, dem einzigen natürlichen Auslauf des Walchensees.

Unterwegs am Walchensee

Dort wird heute der Rißbach in den See eingeleitet und dort steht auch ein kleines Kraftwerk. Gleich hinter dem Wehr biegt die Route nach links ab, folgt dann einem Forststräßchen hoch über dem tief eingeschnittenen Tal der Jachen nach Nordosten. Dabei muss man rund 40 Höhenmeter relativ steil hinauf und dann in die Jachenau hinunter. Kurz vor der Ortschaft Mühle wird das Tal erreicht. Dort quert man die Autostraße und kehrt auf einem Wanderweg links der Straße nach Jachenau zurück.

GEFÄHRLICHES EIS

Seit der Walchensee, der auch ein Trinkwasserreservoir für die Landeshauptstadt München ist, als Wasserspeicher für das Kraftwerk genutzt wird, friert er – wenn überhaupt – nur unzuverlässig zu. Eislauf ist also auf dem See nicht möglich. Zum Schlittschuhfahren gibt es aber den Eislaufplatz unmittelbar neben dem Ausgangspunkt in Jachenau.

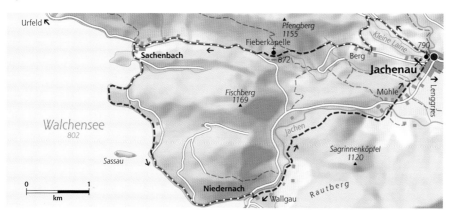

13 VON KOCHEL NACH SCHLEHDORF
Auf dem Felsensteig

leicht 10,5 km 60 m 2.30 Std.

ROUTENVERLAUF
Kochel – Walchenseekraftwerk – Felsensteig – Raut – Schlehdorf

CHARAKTER
Diese Wanderung führt von Kochel zum Erlebnisbad Trimini und dann am Ostufer bis zum Walchenseekraftwerk. Dort beginnt der spannende, naturnahe Teil der Route, der Felsensteig am Südwestufer des Sees, zu Füßen des Herzogstands. Nach diesem schönen Weg geht es gemütlich durch Raut nach Schlehdorf hinein.

AUSGANGSPUNKT
Kochel am See (605 m)

ENDPUNKT
Schlehdorf (609 m)

ANFAHRT
Mit dem Auto auf der A 95 zur Ausfahrt Murnau, von dort auf der St 2062 bis Kochel; mit der Bahn bis zum Bahnhof Kochel

GEHZEITEN
Kochel – Walchenseekraftwerk 1.15 Std. – Schlehdorf 1.15 Std.

MARKIERUNG
Wegtafeln

KARTE
Kompass Wanderkarte 1:50 000, Blatt 7 (Murnau – Kochel – Staffelsee)

EINKEHR
Bauerncafé Giggerer in Kochel, Klosterbräu in Schlehdorf und viele weitere Wirtschaften an der Strecke

INFORMATION
Kochel, Tel. 08851/338, www.kochel.de; Schlehdorf, Tel. 08851/484 oder 08851/51 65, www.schlehdorf.de

Die ersten Strahlen der über dem Kochelsee aufgehenden Wintersonne erreichen bereits Herzogstand und Heimgarten.

Auf dieser schönen Seewanderung locken drei Attraktionen. Die erste erreicht man gleich in Kochel. Es ist das Erlebnis- und Familienbad Trimini, das mit seinen Freizeitangeboten immer einen Besuch wert ist. Etwa auf der Hälfte der Route kommt man zum zweiten Höhepunkt, dem Walchenseekraftwerk (siehe Kasten). Und das dritte Glanzlicht der Wanderung ist der solide angelegte Felsensteig, der in Schwindel erregender Höhe über dem Kochelsee nach Schlehdorf führt.

Durch Kochel an den See Man beginnt die Wanderung im Zentrum von Kochel, dessen berühmtesten Handwerkers und Kriegers, des Schmieds von Kochel (siehe Kasten), auch heute noch gedacht wird. Von ihm folgt man der Autostraße nach Süden und zweigt unmittelbar hinter dem Gasthof zur Post dem Wegweiser zum Trimini folgend nach rechts in die Hanersimmergasse ab. Der Weg führt am Friedhof vorbei und den Waldhang entlang zum Eislaufplatz am Seeufer. Nach links geht man zur Freizeitanlage, durch einen Tunnel und verlässt hinter den Seestuben und der Bergwachtstation den Uferweg nach links. Sogleich führt die Route nach rechts auf dem beschilderten Fußweg weiter, der zur Bayerlandstraße etwas ansteigt. Auf der Straße nach links wandert man nun am Kriegerkreuz vorbei bis zur Mittenwalder Straße hinauf. Am Rande der Autostraße geht es auf dem Fußweg nach rechts weiter, auf der Höhe des Franz-Marc-Museums aus Kochel heraus. Nun zweigt man nach rechts auf einen Treppenweg ab, auf dem der See erreicht wird.

Zum Walchenseekraftwerk Den Badeplatz entlang folgt man dem Ufer nach Süden. Wieder geht man nach links zur Mittenwalder Straße hinauf, um zwischen dem Werksgelände und dem Seniorenheim eine Bachbrücke zu überqueren. Hinter dem Hotel, Restaurant und Café

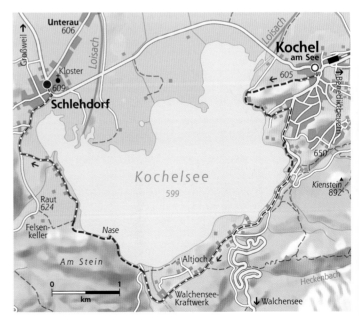

DAS WALCHENSEEKRAFTWERK – EIN INDUSTRIEDENKMAL

Gegen Ende des 19. Jahrhunderts regte Oskar von Miller (1855–1934), Begründer des Deutschen Museums in München, an, mit einzelnen Wasserkraftwerken über ein umfangreiches Hochspannungsnetz ganz Bayern und die Bahn mit Strom aus Wasserkraft zu versorgen. Teil dieses Plans war das Walchenseekraftwerk, bei dessen Bau über 2000 Menschen Arbeit fanden. Nach 6-jähriger Bauzeit trieb das Wasser aus dem Walchensee im Januar 1924 zum ersten Mal eine Turbine an. Das Kraftwerk war damals eines der größten Wasserkraftwerke der Welt und gehört auch heute noch mit 124 Megawatt Ausbauleistung und einer Jahresleistung von 300 Gigawattstunden zu den größten Hochdruckspeicher-Kraftwerken Deutschlands. Auffallend sind die 400 Meter langen Rohre, die das Wasser aus dem Walchensee über einen Höhenunterschied von 200 Metern ins Kraftwerk leiten. Pro Sekunde werden die Turbinen mit bis zu 84 Kubikmeter Wasser angetrieben. Das Wasser des Walchensees allein würde für diese bedeutende Kraftwerksleistung bei weitem nicht ausreichen, denn seine natürlichen Zuflüsse schaffen nur drei Kubikmeter pro Sekunde. Deshalb werden vom Rißbach aus dem Karwendelgebirge in den Walchensee bis zu 12 Kubikmeter pro Sekunde umgeleitet, und der Isar wird bei Krün Wasser mit 25 Kubikmeter pro Sekunde entzogen und beim Obernachkraftwerk genutzt, bevor es in den Walchensee fließt.

Seit 2001 besteht ein neues Besucherzentrum, das jährlich bis zu 100 000 Besucher zu diesem Industriedenkmal zieht.

hinaus. Bei der deutlich beschilderten Abzweigung eines schmalen Fahrwegs die Kesselbergstraße verlassend geht es nach rechts in Richtung Walchenseekraftwerk weiter. Man ignoriert die beschilderte Wegabzweigung und folgt dem Weg bis zum Kraftwerk mit dem Informationszentrum und der offenen Maschinenhalle.

Auf gutem Weg das steile Seeufer entlang
Gleich hinter den mächtigen Wasserrohren, die vom Walchensee herunterkommen, muss man nach rechts abdrehen, dem Fahrweg folgen und an der Verzweigung geradeaus weiter. Rund 10 Meter hinter der Abzweigung dreht man nach links ab und überquert auf einem Steg einen Bach. Anfangs folgt man einem breiten Holzweg, der sich aber immer mehr zusammenschnürt,

Am Felsensteig

»Grauer Bär« folgt man dem Fußweg wieder zum Seeufer hinunter. Vor dem Campingplatz muss man zum letzten Mal zur Straße

bis er schließlich als guter Wanderpfad das steile Seeufer entlang verläuft. An den exponierten Stellen ist er mit einem soliden Drahtseilgeländer versehen, so dass man sich diese Etappe auch dann zutrauen darf, wenn der Schnee nicht gerade meterhoch liegt. Bei guten Bedingungen kann man nach rechts ein paar Meter zum Kreuz auf der Nase hinaufsteigen, um eine imposante Aussicht von diesem ausgesetzten Platz zu genießen.

Spannend und gemütlich Anschließend führt der Felsensteig noch einmal markante Felsenwände entlang, bis er sich schließlich wieder zu einer gemütlichen Promenade weitet. Rechts abdrehend kommt man nach Raut hinein, geht am Sträßchen an vielen kleinen Uferhäuschen vorbei nach Norden

und weiter nach Schlehdorf. Beim Klosterbräu kann man noch gut einkehren (Dienstag Ruhetag). Dann folgt man nach links abdrehend der Hauptstraße bis zur Post, wo der Linienbus hält, der nach Kochel zurückfährt.

St. Tertulin in Schlehdorf

Kloster Reutberg

Südlich von
München

14 AM OSTUFER DES STARNBERGER SEES
Von Percha zum Schloss Berg und zurück

leicht | **8,2 km** | **50 m** | **2 Std.**

ROUTENVERLAUF
Percha – Kempfenhausen – Berg –
Votivkapelle – Percha

CHARAKTER
Beliebter, einfacher Spaziergang am
Seeufer; nur unbedeutende Steigungen;
Wege teilweise nicht gestreut und nicht
geräumt, aber oft eingetreten; bei Nässe
stellenweise glitschiger Boden

AUSGANGS-/ENDPUNKT
Parkplatz des Naherholungsgebietes
Kempfenhausen, zwischen Percha und
Kempfenhausen am Starnberger See
(585 m)

ANFAHRT
Mit dem Auto über die A 95 und A 952
zur Ausfahrt Percha, zum Parkplatz des
Naherholungsgebiets nördlich von
Kempfenhausen; mit dem Bus ab Starn-
berg

GEHZEITEN
Hinweg und Rückweg jeweils 1 Std.

MARKIERUNG
Wegtafeln

KARTE
Kompass Wanderkarte 1:50 000, Blatt 180
(Starnberger See – Ammersee)

EINKEHR
Auf der Route gibt es zahlreiche Cafés,
Gaststätten und Hotels

WINTERSPORTMÖGLICHKEIT
Eislauf auf dem Starnberger See

INFORMATION
Gemeinde Berg, Tel. 08151/508 33,
www.gemeinde-berg.de

Diese kleine Seewanderung führt zu einem ganz besonderen Ziel,
nämlich der Stelle, an der König Ludwig II. im Starnberger See ums
Leben gekommen ist. Ob der Märchenkönig im knietiefen Wasser
tatsächlich ertrunken ist, wie die offizielle Version lautet, oder ob er
einem Meuchelmörder zum Opfer gefallen ist, bleibt im Dunkeln. Ganz
in der Nähe des Ortes des traurigen Geschehens steht das Haus des
ehemaligen königlichen Leibfischers Jakob Lidl, und auf einer Tafel an
diesem Fischerhäuschen kann man nachlesen, was es Nachdenkenswer-
tes über das damalige Geschehen zu berichten gibt. Neben dem Fi-
schen für die königliche Tafel war der Lidl Jakob bisweilen auch als Lie-
besbote aktiv, denn mit seinem Fischerboot brachte er Liebesbriefe, Ge-
dichte und königliche Geschenke zur Roseninsel, wenn des Königs
Seelenfreundin Sissi dort drüben zu weilen geruhte.

FÜR S-BAHNFAHRER
Wer aus der bayerischen Metropole mit der S-Bahn anreist, beginnt
die Wanderung am Bahnhof in Starnberg und geht vom Undosa-
Bad am Nordufer des Starnberger Sees an Werft und Bad vorbei, bis
die oben geschilderte Route erreicht wird. Hin und zurück verlängert
sich die Wanderung dadurch um rund 4 Kilometer.

*Hier fand der bayerische Märchenkönig
Ludwig II sein tragisches Ende.*

LUDWIG II. VON BAYERN – BERUF: MÄRCHENKÖNIG

Unser »Kini« wurde am 25. August 1845 in München im Schloss Nymphenburg als ältester Sohn von Kronprinz Maximilian und Kronprinzessin Marie Friederike geboren und auf den Namen Otto Friedrich Wilhelm Ludwig getauft. Auf Drängen des gleichnamigen und im Jahr 1786 ebenfalls an einem 25. August geborenen Großvaters, König Ludwig I. von Bayern, wurde der Rufname jedoch Ludwig. Kindheit und Jugend verbrachte er mit seinem drei Jahre jüngeren Bruder Otto vor allem auf Schloss Hohenschwangau bei Füssen. 1848 dankte sein Großvater ab, sein Vater wurde König und regierte bis zu seinem Tod im Jahr 1864. Nun wurde der 18-jährige Ludwig König. Seine Zeit als König Ludwig II. von Bayern war geprägt von geringer politischer, aber starker kultureller, wissenschaftlicher und technologischer Initiative, was dem bayerischen Volk jedoch keinerlei unmittelbaren Nutzen brachte. Heute sind nicht nur seine – mit damals modernsten Techniken gebauten – Königsschlösser Herrenchiemsee, Neuschwanstein und Linderhof, sondern auch das Festspielhaus in Bayreuth, das er im Rahmen seiner Förderung von Richard Wagner errichten ließ, beliebte Touristenziele. Mitte 1886 entmündigte die Regierung den König. Ludwig wurde in Neuschwanstein in Gewahrsam genommen und nach Schloss Berg verbracht. Er starb kurz darauf mit seinem Leibarzt im seichten Uferwasser des Würm- (heute Starnberger) Sees.

Den letzten Dienst erwies Lidl seinem König, als er seinen Leichnam aus dem See barg. Einige vermuten, dass Lidl über die wirkliche Weise, wie der »Kini« ums Leben kam, Bescheid wusste und darüber schweigen musste. Oskar Maria Graf behauptete sogar, dass Lidl vom Prinzregenten Luitpold ein Schweigegeld bekommen habe. Jedenfalls wurde Lidl plötzlich reich, wurde Ehrenbürger von Berg und später sogar Bürgermeister.

Den Fernblick genießen Vom leeren Parkplatz am See, der im Sommer bei schönem Badewetter meist hoffnungslos überfüllt ist, wandert man gemütlich ein paar Meter zum See hinaus und dann auf der Promenade nach Süden das Ufer entlang. Bei klarem Wetter zeigt sich jenseits des Sees die Stadt Starnberg, die mit dem spitzen Kirchturm und dem markanten Schloss auffällt. Ist die Luft besonders rein und trocken, kann man der Länge nach den See überblicken. Dann

Mit dem Fernglas zeigt sich das Wettersteingebirge über dem Starnberger See fast in voller Größe.

sieht man am Horizont sogar die scharf geschnittene Kulisse des Wettersteingebirges, aus der die Zugspitze, mit 2962 Metern Deutschlands höchster Berg, herausragt.

Am Seeufer kommen oft zahm gewordene Möwen und Schwäne heran und betteln um Futter. Doch sollte man den Tieren aus Gründen des Naturschutzes nichts geben, auch wenn das noch so possierlich sein mag.

Prachtvillen und ein Schloss Auf dem Uferweg geht es nun nach Kempfenhausen mit seinen Prachtvillen und auf die Seestraße. Auf ihr fahren kaum Autos, deshalb lässt es sich dort auch noch gut wandern. Zwischen parkähnlichen Gärten und einem schmalen, meist privat genutzten Uferstreifen verläuft der Uferweg nun etwas eintönig dahin und immer mehr in den Siedlungsbereich hinein. Die Straße dreht rechts ab, heißt nun treffenderweise Wittelsbacherstraße und steigt ein wenig an. An der ersten Verzweigung geht man rechts weiter und in den Park des Schlosses Berg hinein. Auf breiter Promenade durchquert man im Schlosspark den Wald bis zur Votivkapelle und steigt neben ihr auf Treppen zum Gedenkkreuz für »unseren«

Die Votivkapelle in Berg am Starnberger See.

dort zu Tode gekommen Bayernkönig hinab. Der Rückweg verläuft entlang der gleichen Route.

15 WÖRTHSEE
Seeumrundung

leicht	12,6 km	25 m	3.15 Std.				

ROUTENVERLAUF
S-Bahnhof Steinebach – Steinebach – Walchstadt – Bachern – Oberndorf – Weich – Steinebach

CHARAKTER
Einfache, aber relativ lange Seerundwanderung mit Eislaufgelegenheit

AUSGANGS-/ENDPUNKT
S-Bahnhof Steinebach am Wörthsee (582 m)

ANFAHRT
Mit dem Auto auf der A 96 bis Ausfahrt Wörthsee, dann auf der St 2348 nach Steinebach; mit der S 5 von München nach Steinebach

GEHZEITEN
Steinebach – Walchstadt 0.30 Std. – Bachern 0.45 Std. – Oberndorf 0.30 Std. – Weich 0.30 Std. – Steinebach 0.45 Std. – S-Bahnhof 0.15 Std.

MARKIERUNG
Wegtafeln

KARTE
Kompass Wanderkarte 1:50 000, Blatt 180 (Starnberger See – Ammersee)

EINKEHR
Zahlreiche Gasthäuser, Cafés und Restaurants an der Strecke

WINTERSPORTMÖGLICHKEIT
Eislauf auf dem Wörthsee

INFORMATION
Steinebach, Tel. 08153/985 80, www.woerthsee-online.de

Um ganz ehrlich zu sein, die Rundwanderung um den Wörthsee ist nicht so attraktiv, wie wir es von anderen oberbayerischen Seen gewöhnt sind. Es gibt so gut wie keine Wegtafeln oder Markierungen, kaum Zugangsmöglichkeiten zum See und viele Hinweistafeln auf Privatgrundstücke mit Betretungsverbot. Trotzdem wird die Tour oft durchgeführt, denn der Ausgangspunkt lässt sich gut mit der S-Bahn erreichen. Außerdem gibt es auf der Strecke viele Wirtshäuser zur gemütlichen Einkehr. Wenn der See an strengen Wintertagen gefroren ist, mausert er sich zu einem Paradies für Eisläufer.

Nach Walchstadt hinein Vom S-Bahnhof in Steinebach verlässt man den Parkplatz auf einer Treppe nach Nordwesten hinab und geht über eine Wiese schräg zur Weßlinger Straße hinüber und in den Ort hinein. In weit ausholenden Schlaufen führt die Route nun gering ansteigend am Heimatkreuz vorbei zu Raabes Wirtshaus und zur Pfarrkirche. Auf der Dorfstraße geht es bergab am Maibaum vorüber, an der Kreuzung links und auf der Seestraße abwärts, bis man nach rechts auf den Birkenweg abzweigt. Er führt zum See hinaus. Am Ufer zweigt man nun rechts ab und wandert auf der Seepromenade zwischen Villen und Strandhütten zum Seerestaurant und Strandbad Fleischmann. Hinter der Gemeindebücherei wird an der Seestraße die Wasserwachtstation erreicht. Anschließend passiert die Route das beliebte Strandrestaurant Raabe, bis sie hinter dem Wirtshaus Wörthseeblick Steinebach verlässt und nach Walchstadt hineingeht.

Spitzwiesen, Birkenbruchwald und Bacherner Moos Gleich hinter dem Ortsschild biegt man beim Parkplatz nach links auf den Seeuferweg ab. Er führt den See entlang, ein wenig verwinkelt durch ein Villenviertel und

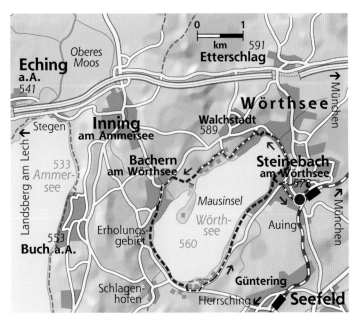

UMLEITUNG BEI NÄSSE

Wenn der Boden nicht gefroren, sondern nass ist, sollte man nicht durch die Spitzwiesen und das Bacherner Moos gehen, sondern nördlich davon auf der Straße. Sonst sind nasse Füße unvermeidlich.

zur Vorderen Seestraße hinauf. Auf ihr wandert man zum Badeplatz weiter, wo man den See nach rechts verlässt. Hinter einer Hofstelle zweigt man nach links auf die Hintere Seestraße ab, die sich hinter einem Siedlungsbereich zu einem Wanderweg zusammenschnürt. Dieser fällt durch einen Auwald zu den feuchten Spitzwiesen ab. Aus dem schützenswerten Landschaftsbereich gelangt man nach links in einen schmalen Birkenbruchwald und in das Bacherner Moos. Dort führt der Weg nach rechts über den Krebsbach zur Autostraße hinaus, die unter einem Gestüt erreicht wird. Hier folgt man nach links der Route nach Bachern weiter.

Das Südufer entlang Am Campingplatz vorbei geht es nun gegen Süden zum Ortsrand, wo nach links der beschilderte Weg zum Badestrand abzweigt. Man durchquert das Erholungsgebiet Oberndorf und kommt beim Pumpwerk wieder zur Autostraße hinaus. Rechtsseitig der Straße folgt man einem Trampelpfad zur Straßenabzweigung (Richtung Breitbrunn). Nun biegt man nach links auf einen Wiesenweg ein, geht durch den Campingplatz und am Adriagrill vorbei. Hinter der Wirtschaft auf der Weichstraße führt die Route abermals nach rechts zur Autostraße hinaus. Man wandert jetzt auf dem Fuß- und Radweg nach Norden weiter, bis nach links die Fahrstraße in Richtung Steinebach abzweigt.

Zur Seepromenade in Steinebach Neben der Wörthseestraße führt die Route auf dem Fußweg an einigen Campingplätzen und dem Gasthof Wöhrl (im Sommer mit dem Biergarten Paradieswinkel) vorüber. Am Ende des Fußwegs biegt man auf eine schmale Anliegerstraße ab und wandert bei der Hausnummer 79 geradeaus ein paar Meter durch ein Wäldchen hinab. Eine schmale Straße wird gequert, man geht um eine Wiese links herum und gelangt zur Seeleite.

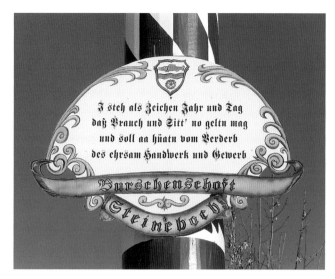

Auf ihr geht es kurz etwas steil bergauf, dann zweigt nach links die Seepromenade ab. Sie führt zum Rundweg in Steinebach zurück. Durch den Ort geht man gegen Osten zur S-Bahn-Haltestelle hinauf.

Treu dem alten Brauch …

Einsamer Badesteg am Wörthsee

16 WOLFRATSHAUSEN – EURASBURG

An der Loisach

leicht 19 km 30 m 4 Std.

ROUTENVERLAUF

Wolfratshausen – Achmühle – Eurasburg – Gelting – Wolfratshausen

CHARAKTER

Einfache Flusswanderung mit vielen Einkehrmöglichkeiten; Wege überwiegend ungeräumt, aber meistens eingetreten; wenn der Schnee nicht gerade meterhoch liegt, kann man ja durchaus mal durch unverspurte weiße Pracht stapfen.

AUSGANGS-/ENDPUNKT

S-Bahnhof Wolfratshausen (578 m)

ANFAHRT

Mit dem Auto auf der A 95 oder der B 11 bis Wolfratshausen; mit der S 7 bis Endstation in Wolfratshausen

GEHZEITEN

Wolfratshausen – Achmühle 1 Std. – Eurasburg 1 Std. – Gelting 1.30 Std. – Wolfratshausen 0.30 Std.

MARKIERUNG

Keine (Radwegemarkierung für diese Route untauglich)

KARTE

Kompass Wanderkarte 1:50 000, Blatt 180 (Starnberger See – Ammersee)

EINKEHR

Zahlreiche Gasthäuser in Wolfratshausen, Eurasburg und Gelting

INFORMATION

Wolfratshausen, Tel. 08171/48 15 44, www.wolfratshausen.de

Zwischen Eurasburg und Wolfratshausen mäandriert die Loisach auf ihrem Weg aus dem Alpenland recht gemütlich durch eine flache Au, bevor sie in der Pupplinger Au in die Isar hineinläuft, wo das Wasser wieder ein bisserl rauer fließt. Durch diese anmutige Auenlandschaft führt der beschauliche Hinweg und folgt ein längeres Stück dem behäbig geschwungenen Flusslauf. Beim Rückweg geht es noch geruhsamer zu, denn der Weg verläuft fast schnurgerade den Loisachkanal entlang nach Gelting, von dort wieder zum Hinweg zurück und nach Wolfratshausen hinein.

Ort der Besinnung im Loisachtal

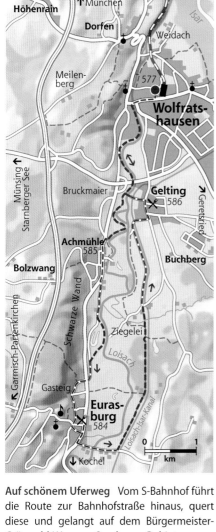

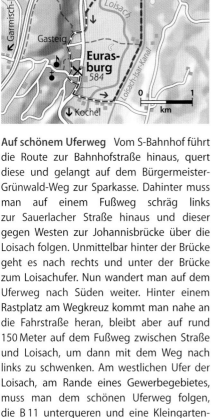

Auf schönem Uferweg Vom S-Bahnhof führt die Route zur Bahnhofstraße hinaus, quert diese und gelangt auf dem Bürgermeister-Grünwald-Weg zur Sparkasse. Dahinter muss man auf einem Fußweg schräg links zur Sauerlacher Straße hinaus und dieser gegen Westen zur Johannisbrücke über die Loisach folgen. Unmittelbar hinter der Brücke geht es nach rechts und unter der Brücke zum Loisachufer. Nun wandert man auf dem Uferweg nach Süden weiter. Hinter einem Rastplatz am Wegkreuz kommt man nahe an die Fahrstraße heran, bleibt aber auf rund 150 Meter auf dem Fußweg zwischen Straße und Loisach, um dann mit dem Weg nach links zu schwenken. Am westlichen Ufer der Loisach, am Rande eines Gewerbegebietes, muss man dem schönen Uferweg folgen, die B 11 unterqueren und eine Kleingartenanlage entlangwandern, bis sich die Wege am Loisachsteg verzweigen. Dort geht es geradeaus am Weidezaun nahe dem Buschwerk weiter, bis sich eine große Wiese auftut. Nun folgt man in einem weiten Bogen der Loisach, die sich allerdings hinter dichtem Gebüsch verborgen hält. Kurz vor der Staatsstraße schwenkt die Route wieder nach links zurück und führt dann über freies Feld zur Staatsstraße hinaus, die kurz vor Achmühle erreicht wird.

Auf dem Fußweg führt die Route neben der Autostraße nach Süden durch Achenmühle und direkt am Denkmal für den Leidensweg

Winterharte Wanderer scheuen auch dichten Schneefall nicht.

ABKÜRZUNG MIT DEM BUS

Wer nicht die ganzen 19 Kilometer abwandern will, kann von Eurasburg nach Wolfratshausen mit dem Bus zurückfahren. Der Hinweg ist sowieso der schönere.

der Häftlinge aus dem Konzentrationslager Dachau vom April 1945 vorbei.

Wolfratshausen vom Isarhang …

Nach Eurasburg Gleich darauf schwenkt die Staatsstraße ein wenig nach rechts. Dort hält man sich geradeaus und folgt dem als Radweg beschilderten Sträßchen nach Süden. Durch schönen Auwald geht es wieder zur Loisach, anschließend in freies Feld hinein. Bei einem großen Stadel gelangt man nach rechts dem Fahrweg folgend wieder zur Autostraße hinüber. Diese muss man queren und auf einer Straße im Wald nach Westen hinaufgehen. Durch einen Linksbogen erreicht man Gasteig, einen Ortsteil von Eurasburg. Auf Anliegerstraßen durchquert man Gasteig bis zum Ortszentrum, wandert sich links haltend zum Rathaus hinab und zur Staatsstraße hinaus.

»Zuawaag«: Ins schmucke Gelting Neben der Staatsstraße erreicht man nach Süden das Feuerwehrhaus und den Bauhof. Dort heißt es links abzubiegen, zwei Loisacharme zu überqueren, durch Baierlach zu wandern und unmittelbar vor der Brücke über den Loisach-Isar-Kanal links auf die Werksstraße abzubiegen. Auf dieser geht es lange nach Norden hinauf. Wer Lust hat, das schmucke Gelting zu besuchen, biegt am südlichen Ortsrand von Gelting nach rechts auf den Loisachweg ab und geht auf der Herrnhauser, später Wolfratshauser Straße, durch Gelting Am Bahnweg biegt man nach links ab, überquert den Kanal und geht gleich weiter über die Loisach. Dort wird der Hinweg erreicht, auf dem man nach rechts zum Ausgangspunkt in Wolfratshausen zurückgeht.

… und aus der Nähe

17 UM DEN DEININGER WEIHER
Am Gleißentalweiher

leicht 2,2 km 10 m 0.45 Std

ROUTENVERLAUF
Waldhaus Deininger Weiher – Deininger
Filz – Waldhaus Deininger Weiher

CHARAKTER
Kurzer, sehr beliebter Spaziergang mit
guter Einkehrmöglichkeit

AUSGANGS-/ENDPUNKT
Waldhaus Deininger Weiher (617 m)

ANFAHRT
Mit dem Auto von München auf der
St 2072 über Grünwald und Straßlach bis
Hailafing; dort nach Osten abbiegen und
über Großdingharting zum Parkplatz am
Deininger Weiher

GEHZEITEN
Gesamte Runde 0.45 Std.

MARKIERUNG
Keine

KARTE
Kompass Wanderkarte 1:50 000, Blatt 180
(Starnberger See – Ammersee)

EINKEHR
Waldhaus Deininger Weiher am Ausgangs-
und Endpunkt des Spaziergangs

INFORMATION
Straßlach-Dingharting, Tel. 08170/93 00-0,
www.strasslach.de

Auch wenn es noch so verlockend aussieht:
Eislaufen ist am Deininger Weiher verboten.

Der Deininger Weiher begrenzt das Gleißental im Süden, bevor sich das weite Alpenvorland öffnet. Im Sommer findet der Gleißentalweiher, wie er auch genannt wird, regen Besuch. Attraktionen sind der Badestrand und die Wirtschaft. Im Winter kommen Spaziergänger in Scharen. Natürlich friert der in einer Talmulde gelegene Weiher relativ rasch zu und war deshalb schon immer bei Eisläufern und Eisstockschützen beliebt. Aus schwer nachvollziehbaren Gründen hat das Landratsamt München vor ein paar Jahren ein Betretungsverbot für die Eisfläche ausgesprochen. Das Verbot hat damals viel Wirbel hervorgerufen, denn so recht wollte es niemand einsehen. Erklärt wird das Verbot damit, dass im Landschaftsschutzgebiet Gleißental die Vielfalt, Eigenart und Schönheit der Landschaft erhalten bleiben soll. Auch zum Vogel-, Amphibien- und

Reptilienschutz sowie zur Erhaltung seltener Pflanzen ist das Betreten der nach dem Bayerischen Naturschutzgesetz geschützten Feuchtflächen verboten.

Am Ufer entlang Vom Parkplatz beim Wirtshaus geht man den Zaun nach Südosten entlang und dann nach rechts zum Ufer hinunter, wo das Schild mit dem bestreitbaren Betretungsverbot der Eisfläche steht. Deutlich erkennbar begrenzen hier Seitenmoränenwälle das während der Eiszeit von einer kleinen Gletscherzunge gebildete Tal. Nun muss man dem Ufer nach Süden folgen und neben dem Verlandungsbereich am Südufer weitergehen. Am südlichen Weiherspitz zweigt nach rechts ein Weg ab, der auf einem Steg den Weiherzulauf überquert und rechts schwingend wieder zur Wirtschaft führt. Wer es besonders eilig hat, geht dort herum. Ansonsten folgt man dem Weg geradeaus den Wald entlang.

Durch das Deininger Filz Schon bald nach der oben erwähnten Abzweigung kommt von links ein Fahrweg aus dem Wald heraus. Auf ihm wandert man nach Süden weiter durch einen kurzen, dichten Waldabschnitt. Gleich dahinter verzweigt sich das Sträßchen. Dort muss man rechts abbiegen. Nun durchquert der Weg das Deininger Filz, folgt dem Verlauf des Schlepperweges und dreht am Waldrand rechts ab. Auf einem Steg geht es nun über den Weiherzulauf und an der folgenden Verzweigung nach rechts den Waldrand entlang nach Nordosten weiter.

Schön gemütlich wandert man jetzt neben dem Filz dahin. Bevor der Weg im Wald deutlich ansteigt, kann man nach rechts zum See hinuntergehen. Schon bald kommt man zum sonnigen Badegelände und zum Wirtshaus zurück.

Moorlandschaft am Deininger Weiher

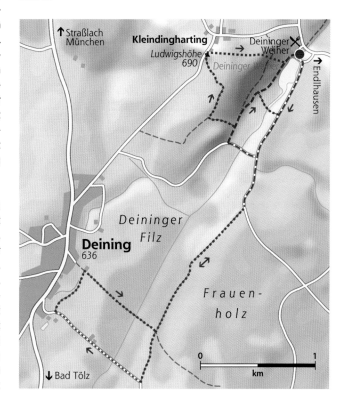

18 VON DIETRAMSZELL ZUM HACKENSEE

Im Zeller Wald

leicht 10 km 150 m 2.45 Std.

ROUTENVERLAUF

Dietramszell – Maria Elend – Grüne Marter – Schwarzes Kreuz – Hackensee – Waldweiher – Dietramszell

CHARAKTER

Wenig anstrengende Rundwanderung, die überwiegend im Wald verläuft; etwas verzwickte Orientierung

AUSGANGS-/ENDPUNKT

Klosterkirche Dietramszell (684 m)

ANFAHRT

Mit dem Auto auf der A 95 bis Wolfratshausen, dann auf Kreisstraßen über Puppling, Ascholding und Peretshofen nach Dietramszell; auch über Holzkirchen oder Bad Tölz; mit dem Bus ab Bad Tölz oder Holzkirchen

GEHZEITEN

Dietramszell – Schwarzes Kreuz 0.45 Std. – Hackensee – 0.45 Std. – Waldweiher 1 Std. – Dietramszell 0.15 Std.

MARKIERUNG

Keine

KARTE

Kompass Wanderkarte 1:50 000, Blatt 180 (Starnberger See – Ammersee)

EINKEHR

Klosterschänke in Dietramszell am Ausgangspunkt

WINTERSPORTMÖGLICHKEIT

Eislauf auf Hackensee und Waldweiher

INFORMATION

Dietramszell, Tel. 08027/90 58-0, www.dietramszell.de

Die kleine Wallfahrtskirche Maria Elend im Zeller Wald

Kulturelle und historische Attraktionen bereichern diese schöne Wanderung. Diese beginnen mit der Klosterkirche von Johann Baptist Zimmermann in Dietramszell. Schon bald wird auf der Route die schöne Wallfahrtskirche Maria Elend erreicht (die im Winter nur an Wochenenden bei

AUCH NOCH UM DEN HACKENSEE

Auf dieser Wanderung kann man mit rund 1,6 Kilometer Mehraufwand in einer halben Stunde noch den Hackensee umrunden. Dazu beim südlich des Hackensees gelegenen Weiher rechts abdrehen und dem Fahrweg bis zum Ostufer folgen. Dann auf einem Steg über den Seeauslauf und am Nordostufer des Sees entlang, bis die oben beschriebene Route wieder erreicht wird.

schönem Wetter geöffnet ist) und dann kommt man am schönen Marterl »Grüne Marter« und am Schwarzen Kreuz vorbei, das allerdings irgendwie verloren gegangen sein muss, denn bei meinem letzten Besuch konnte ich es nicht finden. Doch steht an dieser Stelle ein Erinnerungsbild an das »Haberfeldtreiben in Dittramszell vom 30. October 1886«, denn genau dort fand die Vereidigung der Haberer statt. Im Gedenken an das damalige Geschehen wird neuerdings um Allerheiligen des Haberfeldtreibens wieder mit einer würdigen Veranstaltung gedacht. Das ist in jedem Fall heimatverbundener als Halloween.

Wallfahrtskirche und Marterl Von der Klosterkirche geht man an der Klosterschänke vorbei, wo im September 1938 die letzte oberbayerische Postkutschenfahrt von Holzkirchen nach Dietramszell endete. Neben dem Parkplatz führt der Weg nach rechts in lichten Wald, wo ein Fahrweg etwas gegen Süden ansteigt. Bei der Wegverzweigung nach rund 70 Metern wendet man sich nach rechts und zur kleinen, aber feinen Wallfahrts-

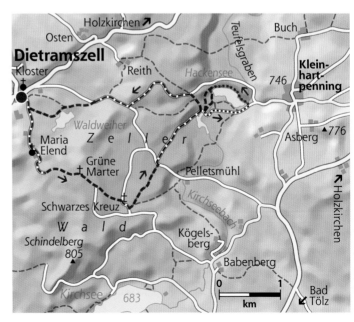

*In der Klosterkirche
Dietramszell*

kirche Maria Elend. Am Wohnhaus wandert man links vorbei und auf einem Fahrweg durch den Wald weiter. Bei der Abzweigung folgt man geradeaus den Wegtafeln zum Kirchsee. Es geht nun ein wenig aufwärts, bis schließlich die so genannte Grüne Marter erreicht wird, ein Marterl mit schönen Votivbildern.

Zu zwei Seen ... Von der Grünen Marter geht es in der gleichen Richtung zum Schwarzen Kreuz bzw. dem Gedenkbild für die Haberer und noch rund 100 Meter nach Südosten weiter. Bei der folgenden Wegkreuzung biegt die Route scharf links ab und führt gegen Nordosten im Wald dahin, bis ein Kreuzungssystem

*Klirrende Kälte
am Hackensee*

von Forststraßen erreicht wird. Dort wendet man sich für rund 20 Meter nach links und gleich darauf wieder nach rechts, um danach dem Fahrweg gegen Nordosten zu folgen. Nach einer kaum merklichen Rechtskurve fällt das Sträßchen deutlich ab und stößt zu einem See am Kirchseebach. Bei der Straßenverzweigung am nördlichen Ende dieses Sees muss man den nach Nordosten abzweigenden Wegast wählen, der in einem Linksbogen zum westlichsten Zipfel des Hackensees führt.

... und dem Waldweiher Von dort geht es nach Südwesten durch den Wald zurück, bis man wieder zur Kreuzung an dem oben genannten See trifft. Dort muss man scharf

HABERFELDTREIBEN

Im bayerischen Oberland war das Haberfeldtreiben bis etwa Ende des 19. Jahrhunderts ein Rügegericht. Die »Haberer«, meist Bauern und Handwerker, versammelten sich dazu vermummt und mit geschwärzten Gesichtern außerhalb, aber in Hörweite der Dörfer. Nach ritualisierten Regeln hielten sie dann in spöttischen Versen der Obrigkeit deren Verstöße gegen das Rechtsempfinden des Volkes oder einzelnen Personen Verstöße gegen Sitte und Moral vor. Ziel war es, die »Angeklagten« dazu zu bringen, aus Scham ihr angeprangertes Fehlverhalten abzulegen oder zu bereuen.

Zur Erinnerung an das Haberfeldtreiben in Dittramszell am 30. October 1586 Bei der Vereidigung an dieser Stelle

rechts abzweigen, wandert gegen Nordwesten hinauf und zu einer breiten Forststraße, die am Kotierungspunkt 716 Meter erreicht wird. Auf ihr wendet man sich nach links und wandert in ein paar ausholenden Kehren im Wesentlichen gegen Westen dahin. An der Verzweigung südlich des Naturschutzgebiets biegt die Route nach links ab und führt zum schönen Waldweiher hinüber, an dem man am Nordufer entlanggeht. Der Weg dreht rechts ab, führt zum Waldrand hinauf und über freies Feld zum Hinweg, der beim Sonnenhof erreicht wird. Auf ihm kehrt man nach Dietramszell zurück.

19 AM KIRCHSEE
Vom Kloster Reutberg zu vier Weihern

leicht 13 km 80 m 4 Std.

ROUTENVERLAUF
Kloster Reutberg – Kirchsee – Koglweiher – Kirchseemoor – Grötzerholz – Neuweiher – Mühlweiher – Reutberg

CHARAKTER
Nette, beliebte Rundwanderung mit zünftiger Einkehrmöglichkeit in Reutberg

AUSGANGS-/ENDPUNKT
Kloster Reutberg (726 m)

ANFAHRT
Mit dem Auto auf der A 8 bis Holzkirchen, von dort auf der B 13 bis Großhartpenning und auf der Nebenstraße zum Kloster Reutberg

GEHZEITEN
Reutberg – Koglweiher 1.30 Std. – Kirchseemoor 1 Std. – Reutberg 1.30 Std.

MARKIERUNG
Einige Wegtafeln, überwiegend unmarkiert

KARTE
Kompass Wanderkarte 1:50 000, Blatt 180 (Starnberger See – Ammersee)

EINKEHR
Klosterstüberl in Reutberg

WINTERSPORTMÖGLICHKEIT
Eislauf, Langlauf, Eisstockschießen rund um den Kirchsee

INFORMATION
Sachsenkam, Tel. 08021/76 08, www.sachsenkam.de

Die Wanderung beginnt beim Franziskanerinnenkloster Reutberg mit seiner prunkvollen Barockkirche aus den Jahren 1729–1735. Die Gründung des Klosters geht auf das Jahr 1606 zurück, als Graf und Gräfin Papafava aus Loretto das Gnadenbild der Muttergottes nach Reutberg brachten und eine Kapelle bauten. 1618 errichtete die Gräfin dort ein kleines Kloster. Drei Schweizer Kapuzinerinnen zogen hierher, und schon bald kamen bayerische Ordensfrauen dazu. Im Laufe der Zeit entwickelte sich eine Marienwallfahrt zum Gnadenbild. Später kam die Verehrung der Schwester Maria Fidelis Weiß dazu, die in Reutberg von 1902 an zwanzig Jahre wirkte. Erst nach ihrem Tod erfuhr man von ihren mystischen Erlebnissen. Zahlreiche Gebetserhörungen wurden seitdem gemeldet. Doch nicht nur das Kloster, die Klosterkirche und die Brauerei mit einem hervorragenden Bier machen Reutberg berühmt, sondern auch die Fatschenkindl. Klosterfrauen stellen mit alten Wachsformen aus dem 17. und 18. Jahrhundert auf Bestellung Christkindl und andere Wachsarbeiten her, welche sie mit kunstvollen Golddrahtarbeiten verzieren.

Den Kirchsee entlang Vom Kloster startet man auf der Straße nach Norden hinab, biegt bei der ersten Abzweigung nach links ab, um gegen Nordwesten zum Kirchsee zu gehen. Beim Bad sich links haltend gelangt man schließlich zum Seeufer hinaus, dem man auf einem Weg bis zum letzten Steg folgen kann. Dort muss man wieder rechts abdrehen, gelangt zum Kiosk und später zur Straße zurück. Nun wendet man sich nach links, also gegen Westen, wandert bis zur Fischerhütte des Bezirksfischereivereins Bad Tölz, wo man den Fahrweg nach links zum Seeufer verlässt. Unmittelbar neben dem Kirchsee geht es nun auf schmalem Fahrweg nach Südwesten dahin.

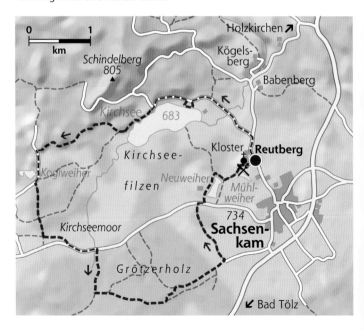

Zum Kirchseemoor Der Fahrweg wendet sich vom Seeufer ab und tritt im weiteren Verlauf aus dem Wald aus. Dort hält man sich links, erreicht eine schmale Asphaltstraße und erreicht auf einem gering nach Süden abfallenden Weg den Koglweiher. Anschließend geht es ein wenig aufwärts, man durchquert einen schmalen Waldgürtel und geht bei der Abzweigung nach schräg links gegen Süden weiter. Der Fahrweg schnürt sich zu einer Schlepperspur zusammen, die sanft auf und ab durch Wald und Wiesen nach Süden weiterführt. Bei der Kreuzung auf freiem Feld wandert man geradeaus dahin, bis hinter Abrain auf der Höhe der kleinen Ortschaft Hintersberg die Kreisstraße zu sehen ist. In weitem Linksbogen der Straße zusteuern, um dieser bis zum Hof Kirchseemoor zu folgen. Beim Hof muss man scharf nach rechts abzweigen.

Durch das Grötzerholz Auf einem Waldsträßchen geht es nun nach Süden dahin.

Hochwinter in Reutberg

Über dem Kirchsee erheben sich die Isarwinkler Berge.

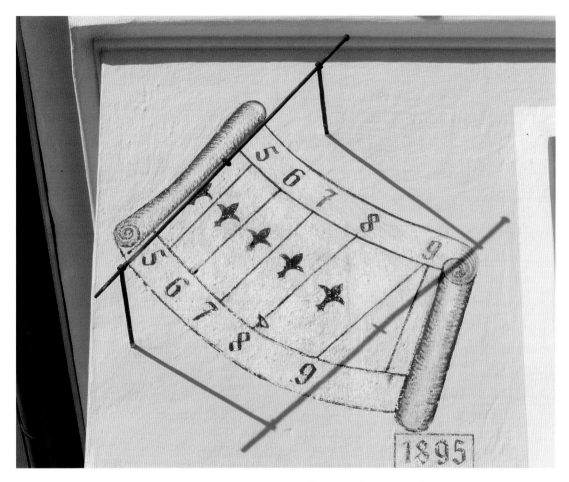

1895

Nach etwa einem Kilometer am Ende einer Lichtung biegt die Route in rechtem Winkel nach links ab. Man wandert nun – bei den Verzweigungen sich stets rechts haltend – gegen Osten durch das Grötzerholz weiter, biegt am Holzplatz ebenfalls nach rechts ab und gelangt nach ein paar sanften Kurven in geringer Steigung zu einer breiten Forststraße hinauf. Auf ihr führt die Route nach rechts weiter und gegen Nordosten aus dem Wald heraus.

Zu Neuweiher und Mühlweiher Nicht unmittelbar am Waldrand, sondern knapp 100 Meter weiter muss man nach links abbiegen, um gegen Norden zur Kreisstraße hinaus zu gelangen. Etwa 50 Meter am Rande der Kreisstraße führt die Route nach rechts und biegt dann sofort nach links ab. Nun geht es den Neuweiher entlang, an seinem Nordufer rechts herum und in sanftem Linksbogen zum kleinen Mühlweiher. Von ihm ge-

langt man auf einem schönem Wanderweg nach Reutberg hinauf.

KLOSTERKIRCHE REUTBERG

Bevor man ins Wirtshaus geht, sollte man sich Zeit nehmen, auch die barocke Klosterkirche von Reutberg, dem »gerodeten Berg«, zu besichtigen, die 1735 fertig gestellt wurde. Man integrierte in diesen Bau die »Santa Casa« (1606), den Nachbau des Wohnhauses Mariens in Jerusalem nach dem italienischen Vorbild in Loretto, mit ihren zwei Seitenkapellen (1618). Die Klosterkirche ist nach Tradition der Franziskaner ein einfacher Bau. Besondere Schätze des Klosters sind seine Fresken, die barocke Krippe und das »Reutberger Christkindl«. Angeblich soll diese Statue des Jesuskindes, die 1743 in das Kloster gelangte, zuvor ein Jahrhundert lang in der Geburtsgrotte in Bethlehem ihren Platz gehabt haben.

Die Zeit eilt, teilt, heilt ...

Der Mühlweiher bei Reutberg

91

Luftblasen und Kammeis gestalten die Oberfläche des Sylvensteinsees in märchenhaften Details.

Im Isarwinkel

20 LENGGRIES – BAD TÖLZ

Durch den Isarwinkel

leicht · 12 km · 50 m · 3 Std.

ROUTENVERLAUF

Lenggries – Arzbach – Bad Tölz

CHARAKTER

Lange, aber kurzweilige Flusswanderung
durch den Isarwinkel

AUSGANGSPUNKT

Bahnhof Lenggries (679 m)

ENDPUNKT

Bahnhof Bad Tölz (697 m)

ANFAHRT

Mit dem Auto auf der B 13 über Bad Tölz
zum Ausgangspunkt; mit der Oberlandbahn von München nach Lenggries

GEHZEITEN

3 Std.

MARKIERUNG

Wegtafeln

KARTE

Kompass Wanderkarte 1:50 000, Blatt 182
(Isarwinkel)

EINKEHR

Gasthäuser, Cafés und Hotels in Lenggries
und Bad Tölz

INFORMATION

Lenggries, Tel. 08042/501 80, www.leng-
gries.de;
Bad Tölz, Tel. 08641/78 67, www.bad-toelz.de

Das Isartal steht zwischen Lenggries und Bad Tölz unter Landschafts-
schutz, was einen guten Grund hat. Die biologisch hochinteressante
Flussau im Schatten der Isarwinkler Berge wird bei größeren Hoch-
wasserständen überspült. Und mit diesem Hochwasser werden auch
Samen von seltenen Alpenblumen angeschwemmt, die dort dann
eine zweite Heimat finden. Wir Winterwanderer werden aber davon
nicht viel mitbekommen, allenfalls Eisblumen … Im Gebüsch leben
seltene Tiere und auf den Kiesbänken der Isar brüten im Frühjahr ge-
schützte Vögel.

Auf dem Dammweg nach Arzbach Vom Bahnhof der Oberlandbahn in
Lenggries geht man nach Norden und biegt nach links in die Isar-
straße ab. Von der Brücke über die Bundesstraße 13 zweigt nach links
ein Treppenweg ab, von dem man zwischen der Autostraße und der
Isar rechts abbiegt, um dem Wander- und Radweg nach Norden zu folgen. Der Dammweg verläuft lange beschaulich durch Wald und Hecken
dahin, bis man beim Steinbach kurz zur Straße hinauf muss, um den
Bach auf der Brücke neben der stark befahrenen Straße zu queren.
Unmittelbar hinter der Brücke führt der Weg wieder nach links in die Au
und auf Arzbach zu.

»Moderne Kunst« am Ufer der Isar Bei Arzbach wird die Isar auf einem
Steg nach links gequert, um anschließend auf der westlichen Fluss-
seite nach Norden weiterzugehen. Der alte Dammweg ist durch Hoch-
wasserschäden in schlechtem Zustand, deshalb empfiehlt es sich, links
daneben auf einer guten, breiten Promenade weiterzugehen. Beim
Wiedmoos zweigt nach rechts ein kurzer Wegstich zum Kiesbett ab,

*Die berühmt gewordenen Pyramiden
an der Isar bei Bad Tölz*

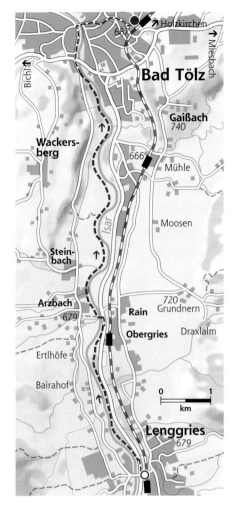

in dem man viele Steinpyramiden finden wird. Sie wurden in mühevoller Arbeit vom Tölzer Künstler »Karl-Heinz«, einem zugewanderten Isarwinkler, aufgebaut, der sich durch seine Spendenbüchse ein kleines Zubrot verdient, das er dringend brauchen kann. Leider werden seine Kunstwerke durch Hochwasser oder auch übermütige Menschen immer wieder beschädigt oder zerstört. Mehr als zwei Stunden Arbeit kann der Mann nicht mehr leisten, und die braucht er nur für die Instandsetzung.

Ins winterliche Bad Tölz Im weiteren Verlauf sieht man auf der gegenüberliegenden Seite der Isar die ehemaligen Moralt-Holzverarbeitungswerke von Bad Tölz. Bei der Brücke der Bundesstraße 472 kommt man auf der Arzbacher Straße und der Bockschützstraße in die Stadt hinein. Man zweigt beim Amortplatz rechts ab, überquert die Isar und kommt geradeaus in die Altstadt mit ihren prachtvollen Häusern der Tölzer Kaufmannsfamilien und Patrizier im barocken Stil, die allesamt mit Lüftlmalerei geschmückt sind. Im Advent schmückt sich die Altstadt mit einem besonders festlichen Kleid, wenn dort der berühmte Christkindlmarkt stattfindet. Die Wanderroute führt durch die Altstadt hinauf, auf der Sandstraße an der Mühlfeldkirche vorbei und nach links auf die Bahnhofstraße. Von dort geht es zum Bahnhof, wo die Wanderung endet.

Bei der langen Wanderung kommt man an Arzbach vorbei und dahinter erhebt sich die Benediktenwand.

MIT DEM RADL

Die Isarwege sind breit und überwiegend in gutem Zustand. Wenn wenig Schnee liegt, kann man sie auch mit dem Rad bewältigen.

---

21 FALLER RUNDWEG

Vom Sylvensteinstausee zu Krottenbach- und Dürrachklamm

leicht   10 km   260 m   2.45 Std.

ROUTENVERLAUF
Fall – Sylvensteinsee – Wiesalm – Krotten-weg – Dürrachklamm – Sylvensteinsee – Fall

CHARAKTER
Schöner, stiller Rundweg auf guten Wegen

AUSGANGS-/ENDPUNKT
Fall (780 m)

ANFAHRT
Mit dem Auto von München auf der B 13 zum Sylvensteinstausee und auf der B 307 nach Fall, von dort zum Parkplatz am Eingang ins Dürrachtal

GEHZEITEN
Fall – Wiesalm 1 Std. – Dürrachklamm 1 Std. – Fall 0.45 Std.

MARKIERUNG
Wegtafeln

KARTE
Kompass Wanderkarte 1:50 000, Blatt 182 (Isarwinkel)

EINKEHR
Jäger von Fall und Fallerhof

INFORMATION
Lenggries, Tel. 08042/501 80, www.lenggries.de

Der Speichersee am Sylvenstein wurde im Jahr 1959 in Betrieb genommen, nachdem ihm das schöne alte Bergdorf Fall weichen musste. Neben dem heutigen See ist Fall mit wenig Fingerspitzengefühl neu aufgebaut worden. Zusammen mit der Isarschlucht liegt das alte Fall tief unten im See, und wenn einmal ganz wenig Wasser im See ist, kann man beides unter einer dicken Schlamm- und Sandschicht noch erkennen. Der Sylvensteinspeicher hat sich ein wenig zu einem Touristenmagnet gemausert. Ausgerechnet auf dem Stauwall, über den die Straße führt, halten sich die meisten Besucher auf. Dort ist es eigentlich nicht besonders schön. Da sollte man schon eher nach Süden wandern!

Rechte Seite:
Grimmig kalt,
doch ohne Schnee
zeigt sich hier der
Sylvensteinsee.

Winterliche Einsamkeit
am Faller Rundweg

Zur Wiesalm hinauf Die Wanderung beginnt beim Parkplatz am Eingang in das lange Dürrachtal, das über die Wirtschaft Aquila ins Bächental ansteigt. Allerdings führt der Rundweg erst einmal in der Gegenrichtung, also nach Norden zur Bundesstraße 307 hinaus. Man quert die Autostraße und geht auf der gegenüberliegenden Seite an der Absperrschranke vorbei und gegen Nordosten weiter. Nach rund 100 Metern muss man nach links abbiegen und dem Seeuferweg nach Südwesten folgen. Der Uferweg führt am Wasserwachtgebäude vorbei. Rund einen halben Kilometer weiter zweigt der markierte Rundweg nach links in den Wald hinein ab und führt wieder zur Bundesstraße hinauf. Ihrem Rand folgt man rund 50 Meter nach Südwesten, bevor man links in den Wald abbiegt. Langsam ansteigend geht es nun nach Süden hinauf, bis sich die Fahrwege in einer Lichtung verzweigen. Dort muss man sich schräg rechts halten. Der Fahrweg steigt nun deutlich steiler, abwechselnd durch dichten und lichten Wald führend, gegen Südwesten an. Kurz vor der

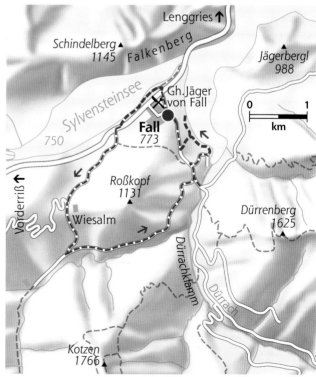

Wiesalm dreht er ein wenig nach links und stößt an den Rand einer Lichtung. Jetzt wählt man bei allen Verzweigungen den Geradeausweg und kommt bald an der Wiesalm vorbei.

Hoch über der Krottenbachklamm Man folgt dem nach Süden abfallenden Weg bis zur Verzweigung, aus der man bei klarer Sicht gut zum markanten Schafreutergipfel hinaufsehen kann. Bei dieser Verzweigung muss man scharf nach links schwenken. Von dort folgt man dem gering abfallenden Krottenbachweg (auch Grottenbachweg oder Grotenbachweg genannt) hoch über der wilden Klamm in weitem Bogen nach Osten, dann nach Norden. Tief unten fließt der Krottenbach, der auch Westerdürrach heißt. Leider kann man nur hin und wieder in die wilde Klamm hinunterschauen, doch die wenigen Blicke sind überwältigend. Bei einer asphaltierten und geräumten Straße kommt man im Dürrachtal an.

Aufregende Dürrachklamm Wer sich die aufregenden Blicke in die Dürrachklamm gönnen will, zweigt rechts ab und geht rund 250 Meter zur Klammbrücke. Von dort geht man wieder nach Norden zurück, um am Rande einer Lichtung rechts auf eine Schotterstraße abzuzweigen. Auf ihr wandert man nach Osten hinab und biegt in der scharfen Rechtskehre des Fahrwegs nach links auf einen breiten Weg ab. Er führt zum südlichen Zipfel des Sylvensteinsees hinaus und gegen

WASSERVERSORGUNG UND HOCHWASSERSCHUTZ

In den ersten Jahrzehnten des 20. Jahrhunderts entzogen Versorgungsleitungen für das Walchenseekraftwerk der Isar viel Wasser. Als mit dem Bau des Achenseekraftwerks die neue Ableitung des Achensees in den Inn der Isar auch noch diesen Wasserzufluss nahm und besonders Bad Tölz unter dem steigenden Wassermangel litt, wurde zwischen 1954 und 1959 der Speichersee gebaut. Geflutet werden musste dabei das ehemalige Dorf Fall, dessen Bewohner zuvor umgesiedelt worden waren.

In längeren Trockenperioden wird durch den Sylvensteinspeicher übrigens auch eine einigermaßen ausreichende Wasserführung im Isarbett gewährleistet. Was durch die Ableitung des Rißbachs zum Walchenseekraftwerk der Isar an Wasser entzogen wird, fließt dem Fluss auf diese Weise wieder zu.

In strengen Frostperioden friert der See zu. Eigentlich darf man auch bei vermeintlich sicherer Eisdecke keinen Stausee betreten, denn wenn der Wasserspiegel sinkt, entstehen zwischen Eis und Wasser gefährliche Hohlräume, die die Stabilität der Eisdecke gefährden. Trotzdem wird auf dem Sylvensteinsee an strengen Wintertagen Schlittschuh gefahren. Von der Wasserwacht werden vorsichtshalber am Ufer entlang Rettungsgeräte aufgestellt.

Nordwesten zu einer Badewiese. Über diese geht es nun schräg links zum Waldrand hinauf, wo man noch ein wenig nach Norden weitergehen kann. Allerdings endet der breite Weg am Seeufer, und man muss wieder zurück, um nach rechts gehend auf die Dürrachtalstraße zu stoßen. Auf ihr führt die Route nach Fall und zum Ausgangspunkt zurück.

ZUM AQUILA

Im Winter ist die Wirtschaft Aquila, weit hinten im Dürrachtal an der Tiroler Grenze, zwar geschlossen und die Straße ist das ganze Jahr für den allgemeinen Verkehr gesperrt, doch wird sie im Winter für Jäger und Holzfuhrwerke geräumt und gestreut. Deshalb kann man die rund neun Kilometer hinauf und wieder hinunter auch im Winter gut zu Fuß (oder sogar mit einem Mountainbike) zurücklegen.

*Schliersee am gleichnamigen,
zugefrorenen See*

Tegernsee und Schliersee

22 ZUR SCHWARZENTENNALM
Durch Söllbach- und Schwarzenbachtal

leicht | 12 km | 450 m | 3.30 Std.

ROUTENVERLAUF
Abwinkel – Söllbachklause – Schwarzentennalm – Winterstube

CHARAKTER
Schöne Beinahe-Bergtour im Schatten
von Hirschberg und Roß- und Buchstein

AUSGANGS-/ENDPUNKT
Wanderparkplatz in Abwinkel bei
Bad Wiessee an der Söllbachstraße

ANFAHRT
Mit dem Auto auf der A 8 bis Holzkirchen
und B 318 über Gmund bis Bad Wiessee;
mit der Oberlandbahn bis Gmund, dann
mit dem Linienbus

GEHZEITEN
Abwinkel – Söllbachklause 0.15 Std. –
Schwarzentennalm 2.15 Std. – Winterstube
1 Std.

MARKIERUNG
Wegtafeln

KARTE
Kompass Wanderkarte 1:50 000, Blatt 8
(Tegernsee – Schliersee – Wendelstein)

EINKEHR
Café Söllbachklause, Schwarzentennalm

WINTERSPORTMÖGLICHKEIT
Rodeln auf der gesammten Strecke

INFORMATION
Bad Wiessee, Tel. 08022/860 30,
www.bad-wiessee.de

Im Sommer tummeln sich auf der Söllbachstraße die Mountainbiker
so sehr, dass manchem Wanderer angst und bange werden kann.
Der lange Fahrweg zur Schwarzentennalm wird nämlich bis auf eine
kurze Ausnahme nie richtig steil, und deshalb können ihn auch weniger versierte Bergradler gut in Angriff nehmen. Im Winter ist es
auf dieser Straße aber ruhig, denn bei Schnee und Eis bleiben selbst
die wildesten Stahlrossreiter normalerweise unten im Tal. Skitourengeher besuchen die Söllbachstraße nur im untersten Abschnitt, wenn
sie zum Fockenstein unterwegs sind und auf der Abstiegsstrecke
zwischen der Schwarzentennalm und der Winterstube im Achental.
Der größte Abschnitt der Route ist also ruhig und eine Domäne für
Winterwanderer und Rodler.

Durch das Söllbachtal Vom riesengroßen Söllbachparkplatz führt die
Route am Sperrschild vorbei und recht moderat ansteigend zum kleinen
Café Söllbachklause. Nun geht es lange im tief eingeschnittenen Bachtal
nach Südwesten hinauf. Dabei bleibt man immer auf dem Hauptweg,
lässt also alle Abzweigungen links oder rechts liegen. So bummelt man

*Die Schwarze Tenn wird vom scharf
geschnittenen Leonhardstein überragt.*

rund sechs Kilometer weit durch das Tal, bis der Fahrweg auf einen knappen Kilometer zwischendurch einigermaßen steil wird. Bei einer Routenverzweigung flacht die Route wieder deutlich ab. Dort muss man rechts bleiben und dem Wegweiser zur Schwarzentennalm folgen, die nach rund 2.30 Stunden Gehzeit erreicht wird.

Über eine Wasserscheide Die schmucke Alm mit Bergwirtschaft steht in einer weiten Hochebene und ist eingesäumt von schönen Voralpenbergen, die zur Winterszeit im weißen Kleid viel »alpiner« aussehen, als sie es eigentlich sind. Vor allem der Felsenzahn des Leonhardsteins, ein netter Sommer-Wandergipfel, schaut so markant drein, dass man ihm richtig Respekt zollen kann.

An der Wasserscheide bei der Schwarzentennalm fließt das Wasser des Söllbachs nach Norden in den Tegernsee. Nach Süden wird der Berg vom Schwarzenbach entwässert,

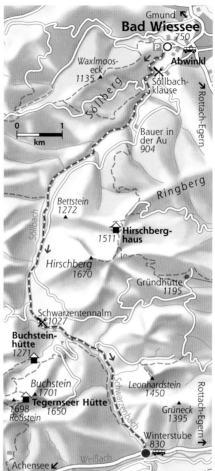

der in der Nähe des Endpunktes der Wanderung in die Weißach und mit ihr ebenfalls in den Tegernsee mündet.

Der Fahrweg durchquert die lange Ebene nach Südosten und führt bei der Abzweigung zur Buchsteinhütte in den Wald hinein. Von dort geht es auf dem Sträßchen gering abwärts, bis bei der Winterstube ein Parkplatz und eine Bushaltestelle erreicht werden, von wo aus man zum Ausgangspunkt zurückfahren kann.

ABSEITS DES FAHRWEGS

Bei geringer Schneehöhe kann man vom Waldrand südlich der Schwarzentennalm auf den Sommerweg ausweichen, der westlich des Schwarzenbachs ins Tal führt. Liegt etwas mehr Schnee, muss man aus Sicherheitsgründen auf der Straße bleiben. Außerdem steigen dort bisweilen Skitourengeher auf. Die Fußabdrücke von Wanderern würden die mühsam angelegte Fellspur zerstören.

23 NACH GLASHÜTTE
Am Oberlauf der Weißach

leicht | 11 km | 140 m | 2.30 Std.

ROUTENVERLAUF
Klammparkplatz – Trifthütt'n – Glashütte – Klammparkplatz

CHARAKTER
Einfache und beliebte Wanderung durch die Weißachau, die erst im ausklingenden Winter sinnvoll ist, wenn die Langlaufloipe, die sich zum Teil mit der Wanderstrecke deckt, nicht mehr in Betrieb ist; das Betreten von Loipe und Skatingspuren ist für Fußgänger und Hunde verboten!

AUSGANGS-/ENDPUNKT
Klammparkplatz an der B 307 westlich von Wildbad Kreuth (830 m)

ANFAHRT
Mit dem Auto auf der A 8 bis zur Ausfahrt Holzkirchen und auf der B 318 bis Gmund, dann auf B 318 oder B 307 bis Rottach-Egern und auf der B 307 zum Ausgangspunkt; mit der Oberlandbahn bis Tegernsee, von dort Busverbindung zum Ausgangspunkt

GEHZEITEN
Klammparkplatz – Trifthütt'n 0.30 Std. – Glashütte 0.45 Std. – Klammparkplatz 1.15 Std.

MARKIERUNG
Viele deutliche Wegtafeln

KARTE
Kompass Wanderkarte 1:50 000, Blatt 8 (Tegernsee – Schliersee – Wendelstein)

EINKEHR
Trifthütt'n, Wirtshaus Bayerwald, Gasthaus Glashütte

WINTERSPORTMÖGLICHKEIT
Langlauf auf der gesammten Strecke

INFORMATION
Kreuth, Tel. 08029/18 19, www.kreuth.de

Hinter Kreuth war lange Zeit die Welt zu Ende. Bis Siebenhütten, wo der berühmte Kiem Pauli mit seinen Freunden gerne musizierte, ist man noch einigermaßen gut gekommen, doch an den Blaubergen war's dann zu Ende. Nur die Tiroler sind ein paarmal herübergekommen, beispielsweise 1704 die Schützen, um zu plündern, die Lumpen … Heute führt zwar eine Bundesstraße zum Achenpass hinauf, aber – wie uns die Erfahrung lehrt – sie ist so sicher auch nicht. Vor einigen Jahren war sie im Winter lange Zeit wegen Lawinengefahr gesperrt, und später hat das Hochwasser der Weißach einen Straßenabschnitt einfach weggespült, und wieder war die Straße längerfristig blockiert. Also ist hinter Kreuth irgendwie immer noch die weißblaue Welt zu Ende, auch wenn die Weißach inzwischen streckenweise kanalisiert ist.

Durch die Weißachau Genau gegenüber dem Parkplatz Winterstube gibt es auf der südlichen Seite der Bundesstraße 307 einen Wander- und Langlaufparkplatz, der als »Klammparkplatz« bezeichnet wird. Von dort geht man über die Weißachbrücke und wirft gleich einmal ein paar

DIE AN EINEM SO WILDTEN ORT DURCHREISENTEN …

… sollten den Beistand der Mutter Gottes erbitten können. Daher wurde um 1698 die Kirche der kleinen Ansiedlung »Im Wald« erbaut, die sich erst in den acht Jahren davor durch die Errichtung einer Glasbrennerei entwickelt hatte und erst 1808 den heutigen Namen Glashütte erhielt. Etwa 350 Jahre bestand da die Straße bereits, die die kürzeste Verbindung vom Kloster Tegernsee nach Rom darstellt und bedeutsam für den Salzhandel war.

Der schlichte Barockbau des Kirchleins beherbergt in der Nische des Altars die 140 Zentimeter große Glashütter Madonna – eine hervorragende Arbeit aus der Münchner Schule, die, wie auch die vergoldete Monstranz, aus dem 15. Jahrhundert stammt.

In der Weißachau

Blicke in die wenig aufregende Klamm hinab. Anschließend dreht man rechts ab, um dem Fahrweg nach Westen zu folgen. Vor dem Zielhäuschen der Naturrodelbahn hält man sich rechts und folgt dem Weißachuferweg durch den Wald. Die schmale Straße schlängelt sich in geringem Auf und Ab durch die Weißachau. Links des Sträßchens findet sich ein Bach, der sehr flach und in vielen Mäandern durch die Sumpfwiesen neben dem Fahrweg fließt. Bei der Verzweigung des Fahrwegs hält man sich links und folgt dem Schild zur Trifthütt'n.

Nach Glashütte An der kleinen Hütte geht man links vorbei, biegt bei der Verzweigung des Rad- und Fußwegs nach Glashütte nach rechts ab und überquert 50 Meter hinter der Abzweigung auf einem Steg die Weißach. Dann geht es ein paar Meter aufwärts. Anschließend wählt man bei allen Wegverzweigungen die Geradeausvariante. Es geht nun im lichten Wald dahin, bis auf einer hölzernen Fußgänger- und Radwegbrücke nochmals die Weißach gequert wird. Hinter der Brücke muss man sich links halten, geht dann am Rand der Loipe auf einem breiten Fahrweg zwischen der Weißach und der Bundesstraße auf dem Damm weiter. Auf einer breiten Brücke schwenkt man wieder nach links über den Wildbach und folgt dem Weg, bis sich kurz vor Glashütte die Route nochmals gabelt. Dort zweigt man nach rechts ab, überquert den Bach und biegt gleich hinter der Brücke nach links ab. Neben der Bundesstraße wandernd, erreicht man nach 200 Metern Glashütte.

Zurück geht man auf der gleichen Strecke oder fährt mit dem Linienbus.

In der Nähe der Trifthütt'n

24 VON DER WALLBERGBAHN ZUR SCHWAIGERALM
Durch die Weißachau

leicht | 15 km | 90 m | 4 Std.

ROUTENVERLAUF
Talstation Wallbergbahn – Kreuth (Mühlau) – Riedlern – Schwaigeralm – Talstation Wallbergbahn

CHARAKTER
Nette, beschauliche und nicht zu stramme Wanderung durch die Weißachau bei Kreuth mit ein paar schönen Blicken auf die benachbarten Berge

AUSGANGS-/ENDPUNKT
Talstation der Wallbergbahn in Rottach-Egern (769 m)

ANFAHRT
Mit dem Auto auf der A 8 bis Ausfahrt Holzkirchen und auf der B 318 bis Gmund, dann auf B 318 oder B 307 bis zum südlichen Ortsende von Rottach-Egern; nach links zur Wallbergbahn; mit der Oberlandbahn bis Tegernsee, Busverbindung zum Ausgangspunkt

GEHZEITEN
Wallbergbahn – Schwaigeralm 2 Std. – Wallbergbahn 2 Std.

MARKIERUNG
Wegtafeln

KARTE
Kompass Wanderkarte 1:50 000, Blatt 8 (Tegernsee – Schliersee – Wendelstein)

EINKEHR
Schwaigeralm

WINTERSPORTMÖGLICHKEIT
Langlauf auf der gesammten Strecke durch die Weißachau

INFORMATION
Kreuth, Tel. 08029/18 19, www.kreuth.de

Politische Entscheidungen wurden und werden in Kreuth schon seit alters getroffen und nicht erst, seit es die Hanns-Seidel-Stiftung gibt. Auch zu Beginn des Spanischen Erbfolgekrieges, der von 1701–1714 wütete, ist am Tegernsee von Abt Quirin IV. eine Verfügung von einiger Tragweite getroffen worden. Er ließ nämlich an der Weißach eine Befestigungsanlage bauen, zu der man damals Schanz sagte. Sie sollte das Vordringen der Tiroler Truppen abwehren, was nicht erfolgreich war, denn im Mai 1705 wurde München von den Österreichern besetzt. Alle in der Nähe von Kreuth stehenden Defensionsanlagen wurden innerhalb von drei Tagen »rasiert«. Als dann der Österreichische Erbfolgekrieg im Jahr 1740 ausbrach, sind die Wehranlagen wieder instand gesetzt und nach dem Frieden von Füssen im Jahr 1745 zusammen mit der Kreuther Schanz an der engsten Stelle des Weißachtals bei der Schnallelbruckn geschleift und niedergebrannt worden. Heute sieht man außer einer Hinweistafel nichts mehr davon.

Die Weißach entlang Vom Parkplatz und der Bushaltestelle bei der Talstation der Wallbergbahn geht man auf dem Fußweg am Waldrand nach Südwesten hinunter. Die Route führt nun an den Hausgärten von Trinis vorbei, schwenkt kurz auf einem Fahrweg nach links, überquert

Wer gemütlich in der Schwaigeralm einkehren will ...

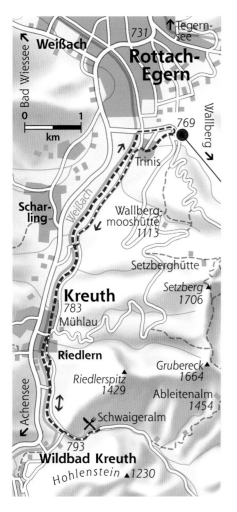

einen Bach und folgt dem Wegweiser zur Weißachau gleich darauf schräg nach rechts. Im Ort führt die Route auf dem Rosswandweg geradeaus hinab und nach links in die Weißachaustraße. Auf dem Fahrweg, der wegen der Pferdeschlittenfahrten nicht gestreut wird, geht es zur Weißachalm und an der Brücke geradeaus weiter die Weißach entlang. Nun führt der Weg lange am Damm dahin, bei der Verzweigung nach rechts über die Loipe und auf dem Fußweg neben der Weißach weiter nach Süden. Schließlich kommt man zum schmucken Leonhardstoana Hof und zum Schützenheim mit der Schießanlage.

Zu Wasserfall und Schwaigeralm Dort wandert man nach rechts zur Weißach hinaus, am Damm weiter und an der Hinweistafel der Schanz vorbei. Neben der Langlaufloipe geht es auf freien Wiesen bis in die Nähe der Hanns-Seidel-Stiftung. Von dort folgt man nach links (nach Osten) der Straße am Sagenbach entlang. Beim Wegweiser zum Wasserfall verlässt man die Straße nach links und überwindet beim kleinen, aber schönen Wasserfall eine kurze Treppe. Vorsicht bei Vereisung! Gleich darauf kommt man zur Schwaigeralm, wo es sich in der urigen Stube gut einkehren lässt.

Zurück geht es im Wesentlichen auf der gleichen Route oder man fährt mit dem Bus.

... sollte vorher durch die Weißachau wandern.

IN DIE LANGE AU

Hat man mit dieser Wanderung noch nicht genug, kann man neben dem Sagenbach kilometerweit auf dem Fahrweg nach Südosten durch die Lange Au hin- und zurückspazieren.

25 VOM TEGERNSEE NACH THALMÜHL
Im Mangfalltal

leicht   9,5 km   50 m   3.15 Std.

ROUTENVERLAUF
Bahnhof Gmund – Buchleiten – Mühltal – Thalmühl – Rainmühle – Louisenthal – Gmund am Tegernsee

CHARAKTER
Einfache Wanderung, auf der Ostseite der Mangfall von Gmund nach Thalmühl auf ruhiger Straße und auf der Westseite auf einem stillen Wanderweg wieder zurück; wegen der Tallage und des überwiegend dichten Waldes kaum freie Ausblicke, jedoch relativ gut vor heftigen Winterstürmen geschützt

AUSGANGS-/ENDPUNKT
Bahnhof Gmund am Tegernsee (740 m)

ANFAHRT
Mit dem Auto auf der A 8 bis Holzkirchen und auf der B 318 nach Gmund; mit der Oberlandbahn von München zum Ausgangspunkt

GEHZEITEN
Gmund – Buchleiten 0.15 Std. – Mühltal 0.15 Std. – Thalmühl 1 Std. – Rainmühle 1.15 Std. – Louisenthal 0.15 Std. – Gmund 0.15 Std.

MARKIERUNG
Wegtafeln

KARTE
Kompass Wanderkarte 1:50 000, Blatt 8 (Tegernsee – Schliersee – Wendelstein)

EINKEHR
Gasthäuser in Rainmühle und Gmund

WINTERSPORTMÖGLICHKEIT
Eislauf auf dem Tegernsee

INFORMATION
Gmund am Tegernsee, Tel. 08022/75 05 27, www.gmund.de

Rechte Seite:
Sieht aus wie Eis – ist aber keins!
Das Denkmal des berühmtesten
Gmunder Bürgers Ludwig Erhard ist
in Aluminium gefasst.

Bei Gmund verlässt die Mangfall
den Tegernsee.

Während der Hinweg von Gmund nach Thalmühl auf einer kaum befahrenen, geräumten und asphaltierten Straße verläuft, geht man beim Rückweg nahezu die gesamte Strecke auf nicht geräumten Wanderwegen. Bei hoher Schneelage wären deshalb für diesen Bereich Schneeschuhe gar nicht schlecht. Wie zu vermuten, ist der fast einsame Rückweg der landschaftlich schönere.

An schönen Industriebauten vorbei Vom Bahnhof in Gmund am Tegernsee führt die Route erst einmal nach Nordosten zum architektonisch gelungenen Ludwig-Erhard-Platz. Über das lang gezogene neue Ortszentrum gelangt man zum Denkmal für den bedeutenden Wirtschaftspolitiker Ludwig Erhard (1897–1977), der am Tegernsee wohnte.

AM TEGERNSEE

Nur bei lang anhaltender, grimmiger Kälte friert der Tegernsee zu. Dann kann man, eine solide Eisdecke vorausgesetzt, auf dem See Schlittschuh fahren.

Da auch der Tegernsee, wie viele bayerische Seen, kaum zugänglich ist, gibt es nur sehr begrenzte Wandermöglichkeiten direkt am See.

Bei der Ampelanlage überquert man die stark befahrene Bundesstraße 318 und geht auf dem Fußweg an der Mangfallstraße neben der Mangfall nach Norden weiter. Auf einer Brücke überquert man die Mangfall und gelangt zu den schönen alten Industriebauten der Maschinen- und Büttenpapierfabrik Gmund. Nun folgt die Route dem Straßenverlauf aus dem Ort hinaus. Man passiert die Papierfabrik Louisenthal und wandert am Rande der kaum befahrenen Autostraße den Mangfallwerkskanal entlang, bis dieser beim Elektrizitätswerk endet. Dann kommt man an der Kläranlage und den Klärteichen vorüber. Anschließend führt die Straße nach links, ein wenig über freies Feld, an einer kleinen Kapelle vorbei und über ein Bachbrücklein. Gleich dahinter verzweigt sich am Waldrand die Straße. Dort dreht man nach links ab und folgt dem Wegweiser nach Thalmühl.

An der Mangfall zurück Bald kommt man wieder an die Mangfall heran. Auch dort wird ein Kanal ausgeleitet, der ein paar hundert Meter weiter nördlich ein weiteres Kraftwerk speist.

Schließlich dreht die Straße ein wenig nach links ab und quert auf einer Brücke die Mangfall. Dort wird kurz vor dem Sägewerk von

DIE MANNIGFALTIGE

Ob der Name Mangfall von »mannigfaltig« oder von »magna vallis« (zu deutsch »großes Tal«) herrührt, tut nichts zur Sache. Mannigfaltig sind ihre natürlichen Qualitäten für Fauna und Flora in wie neben dem Wasser, aber auch ihr Nutzen für den Menschen, der seit dem Mittelalter die Wasserkraft nutzt. Auch die Landeshauptstadt München bezieht einen Teil ihres Trinkwassers aus dem Mangfalltal.

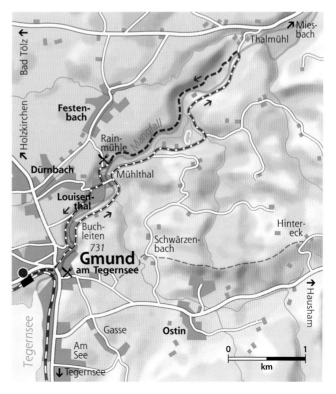

Thalmühl der nördlichste Punkt der Wanderung erreicht.

Die Route knickt unmittelbar hinter der Brücke scharf links ab. Nach 100 Metern verzweigt sich der Weg. Dort biegt man nach rechts ab, wandert über freies Feld und in den Wald hinein. Der Schlepperweg schlängelt sich nun gering ansteigend gegen Südwesten dahin. Hinter dem Elektrizitätswerk gabeln sich die Wege. Die Route nach Gmund zweigt nach links ab und führt im weiteren Verlauf zur Mangfall hinüber. Nun geht es ein längeres Wegstück auf dem Mangfalldamm im Wald nach Südwesten weiter, bis die Route

Idealer Ausgangspunkt: der Bahnhof in Gmund

nach rechts abdreht, ein wenig ansteigt und auf eine weite Wiese führt. Man geht am linken Waldrand der Lichtung entlang und biegt vor dem Privatanwesen nach rechts ab. Die Route führt zur Fahrstraße hinüber, auf der man, sich links haltend, Rainmühle erreicht. Vor der Papierfabrik Louisenthal muss man nach rechts abzweigen und am Rande des Werksgeländes sich links halten. Nun geht es auf dem Neumüllerweg nach Süden weiter. Der Fahrweg steigt gering an, ehe man im Ort nach links zur Fahrstraße hinausgeht, wo der Hinweg erreicht wird. Auf ihm gelangt man nach Gmund zurück.

Einsames Mangfalltal

26 RUNDTOUR VON VALLEY NACH GRUBMÜHLE

Die Mangfall entlang

anspruchs-voll · 8,5 km · 130 m · 3 Std.

ROUTENVERLAUF

Valley – Grabenstoffl – Anderlmühle – Hohendilching – Grubmühle – Breitenmoos – Grabenstoffl – Valley

CHARAKTER

Pfundige Flusswanderung, bei der man durch stille Dörfer kommt; beim Rückweg am Mangfalufer stellenweise schwierige Routenfindung bei hoher Schneelage auf unmarkierten, undeutlichen Trampelpfaden in steilen Waldhängen

AUSGANGS-/ENDPUNKT

Valley (650 m)

ANFAHRT

Mit dem Auto auf der A 8 bis Holzkirchen und über Unterdarching nach Valley

GEHZEITEN

Valley – Grubmühle 1.30 Std. – Valley 1.30 Std.

MARKIERUNG

Nur wenige Wegtafeln

KARTE

Kompass Wanderkarte 1:50 000, Blatt 181 (Rosenheim – Bad Aibling)

EINKEHR

Bräustüberl in Valley und Gasthaus Vordermaier in Hohendilching

INFORMATION

Valley, Tel. 08024/924 89, www.gemeinde-valley.de

Rechte Seite:
Der winterliche Wanderweg von Anderl-
mühle nach Hohendilching im Mangfalltal

Wenn auch kein Schnee liegt; die tief
stehende Sonne glitzert im Mangfallwasser
und zeigt den Winter an.

Die Mangfall entspringt bei Gmund dem Tegernsee und mündet in der Nähe von Rosenheim in den Inn. Dieser saubere Gebirgsfluss hat sich nach der letzten Eiszeit sein tiefes Bett gegraben und dabei Schichten aus früheren Eiszeiten ans Licht gebracht. Deshalb gibt es am Uferhang Nagelfluhfelsen. Das austretende Grundwasser wird für die Münchner Wasserversorgung gefasst und in die nahe gelegene Landeshauptstadt geleitet.

Zwischen Grubmühle und Mühltal fließt die Mangfall durch ein landschaftlich prächtiges Tal, und durch einen Teil davon führt die hier vorgeschlagene Wanderung. Auf der westlichen Seite bringt uns die Wanderung die Mangfall hinab und am östlichen Ufer wieder zurück.

Zum Bildhauer in der Anderlmühle Am besten ist es, die Wanderung in der kleinen Gemeinde Valley (vermutlich benannt nach der keltischen Göttin Fallada) bei der gräflichen Brauerei Arco-Valley neben dem Bräustüberl zu beginnen. Dann weiß man auch gleich, wo genau man nach dem Spaziergang gut einkehren kann …

Von Valley geht man erst einmal die 24 Prozent steile Fahrstraße in einem weiten Rechtsbogen am Schlossberg zur Mangfall hinab und biegt unmittelbar vor der Brücke links ab. Die Route führt auf dem Aumühler Weg nach Aumühle. Nach einem geringen Anstieg fällt das Sträßchen im Sied-

lungsbereich wieder ab und endet beim letzten Wohnhaus. Vor dem Zaun zweigt man rechts ab und geht ein paar Meter zur Mangfall hinüber. Am Uferweg neben der Mangfall führt die Route nach Norden weiter und in lichtem Wald auf einem Treppenweg kurz hinauf. Oben weitet sich der schmale Weg zu einer breiten Promenade. Sie führt zur Anderlmühle, wo ein Bildhauer im Garten seine Kunstwerke ausstellt, bevor er sie verkauft.

Ins schmucke Hohendilching Nun muss man auf dem Fahrweg etwas mühsam knapp 80 Höhenmeter bergauf, bis das schmucke Bauerndorf Hohendilching erreicht ist. In der Reihenfolge, wie es sich für ein oberbayerisches Dorf gehört, kommt man erst an der Kirche mit dem Friedhof, dann am Maibaum und zuletzt am Wirtshaus vorbei. Man folgt dem Wegweiser in Richtung Grub und taucht am Wander- und Radweg in den Wald ein. Der Weg dreht im weiteren Verlauf ein wenig links ab und führt an ein paar Fischteichen vorbei. Knapp über der Fischzucht Grubmühle verzweigt er sich. Dort geht es ge-

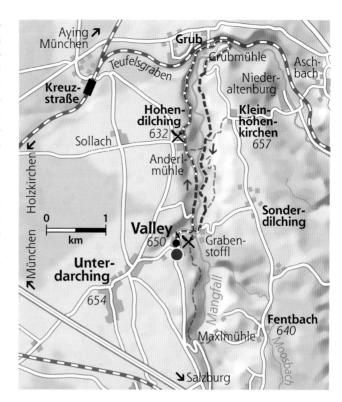

radeaus weiter und südlich der Bahnstrecke auf der Straße abwärts. Das Asphaltsträßchen dreht nach rechts ab und quert bei der Fischzuchtanlage die Mangfall. Hier ist der nördlichste Punkt der Rundwanderung erreicht.

Fast in Pioniermanier Nun geht es – allerdings über andere Pfade auf der Ostseite der Mangfall – wieder zurück. Zunächst folgen wir der Straße weiter, kommen in einem Linksbogen an einer Quellfassung vorbei

und wandern dann zum Wald hinauf. In der folgenden scharfen Linkskehre muss man beim Schild Breitmoos nach rechts die Straße verlassen. Auf einem Forstweg geht es an der Absperrschranke vorbei und hoch über der mäandrierenden Mangfall nach Süden dahin. Bei der Verzweigung biegt man nach links ab und geht am Wohnhaus vorbei. Mitten im Wald gabelt sich der Forstweg an unmarkierter Stelle. Dort muss man nach rechts schwenken, in weitem Bogen hinabgehen, sich an der folgenden Verzweigung gerade-

Überraschung in Breitenmoos: Ein Liebhaber hält dort einige Kamele, die auch im Winter Ausgang haben. Scheinbar macht ihnen die Kälte nichts aus.

aus halten und zum Fluss hinuntersteigen. Bis zur Brücke geht es von hier am Ufer dahin. Bei der Mangfallbrücke hält man sich geradeaus und folgt, am Ostufer bleibend, dem Wegweiser nach Valley. Anfangs geht man auf einem schmalen Trampelpfad direkt am Flussufer entlang, biegt aber später auf sehr undeutlichen Trittspuren links ab, um durch ein Labyrinth von Gräben den Uferhang hinaufzugehen, bis ein Fahrweg erreicht wird, der bei Grabenstoffl zu einer Autostraße stößt. Auf ihr geht es hinab, bis hinter der

DIE UNENDLICHE GESCHICHTE

Fünfzig antike Orgeln und eine umfangreiche Orgelpfeifensammlung des Orgelrestaurators Dr. Sixtus Lampl kann man seit 1987 im privaten Kultur- und Orgelzentrum im alten Schloss von Valley und der benachbarten Zollinger-Halle besichtigen. Hier soll Michael Ende die Inspiration für sein Buch »Die unendliche Geschichte« gehabt haben. Information unter www.lampl-orgelzentrum.de

Brücke der Hinweg erreicht wird. Den steilen Schlossberg hinauf kehrt man nach Valley zurück.

27 SCHLIERSEE-UMRUNDUNG
Von Schliersee nach Fischhausen

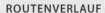

leicht   8 km   40 m   2 Std.

ROUTENVERLAUF
Krainsberg – Fischhausen – Schliersee – Breitenbach

CHARAKTER
Leichte Rundwanderung auf guten Wegen

AUSGANGS-/ENDPUNKT
Parkplatz am Campingplatz in der Nähe von Krainsberg am Nordwestufer des Schliersees (780 m)

ANFAHRT
Mit dem Auto auf der A 8 bis Weyarn und B 307 zum Ausgangspunkt; mit der Oberlandbahn ab München nach Schliersee

GEHZEITEN
Krainsberg – Fischhausen 0.45 Std. – Schliersee 1 Std. – Krainsberg 0.15 Std.

MARKIERUNG
Wegtafeln

KARTE
Kompass Wanderkarte 1:50 000, Blatt 8 (Tegernsee – Schliersee – Wendelstein)

EINKEHR
Zahlreiche Gasthäuser in Schliersee

WINTERSPORTMÖGLICHKEIT
Eislauf, Eisstockschießen auf dem Schliersee

INFORMATION
Schliersee – Neuhaus – Spitzingsee, Tel. 08026/606 50, www.spitzingsee.de

Als die Römer im Jahre 15 v. Chr. auf ihren Raubzügen im Schlierseer Tal eintrafen, waren sie ziemlich erstaunt. Sie fanden nämlich ein ordentlich geregeltes Siedlungswesen. Diese keltischen Wohnplätze übernahmen die Besatzer und prägten bis ins 5. Jahrhundert die Geschichte. Germanische und bajuwarische Volksstämme vertrieben die Römer aber aus Schliersee und gründeten im Jahr 779 das Kloster Schliersee. Nach Zerstörung und Auflösung wurde das Kloster in der Mitte des 12. Jahrhunderts wieder aufgebaut. Die fleißigen Bewohner konnten nie große Reichtümer anhäufen, denn seit Beginn des 15. Jahrhunderts war deren Besitz in das feste Eigentum von Kirche, Frauenstift München und Grafen von Maxlrain übergegangen. Haupterwerbszweig war die Land- und Forstwirtschaft, doch schon Mitte des 19. Jahrhunderts entdeckte der Fremdenverkehr die idyllische Landschaft. Es entstanden Wirtshäuser und Hotels, Wanderwege und Badeanstalten, und schon 1890 kamen die ersten Skifahrer (damals Schneeläufer genannt). 1902 fand in Schliersee die erste bayerische

Am Schliersee geht die Sonne auf und vertreibt den Morgennebel.

Skimeisterschaft statt, und 1911 gründete eine Gruppe von Skifahrern die »Erste deutsche skifahrende freiwillige Sanitätskolonie«. Der Bergrettungsdienst war geboren.

Nach Fischhausen und Oberleiten Vom Parkplatz neben den Gleisen der Oberlandbahn, gleich in der Nähe des Campingplatzes, geht man auf breitem Weg neben der Bahnstrecke nach Süden am Westufer des Sees entlang. Es geht ein bisserl auf und ab, was aber nicht besonders viele Mühe kostet. Schon nach 670 Metern Gehstrecke gibt es einen schönen Rastplatz. Rund einen Kilometer weiter quert der Spazierweg nach links die Bahngleise und fällt zum Seeufer ab, wo nun ein Badeplatz dem anderen folgt. Wenn der See zugefroren und die Eisdecke stabil ist, kann man dort gut eislaufen. Schließlich wird der südlichste Punkt des Schliersees erreicht. Dort dreht der Weg nach links ab und führt gegen Osten auf der Uferpromenade neben einigen Bootshäusern zur Bundesstraße 307. An der stark befahrenen Autostraße geht man nun vorsichtig ein kurzes Stück nach Norden weiter, verlässt am Parkplatz nach links die Fahrbahn und wandert am Ufer weiter. Mehrmals kommt man wieder zur Straße hinauf, bis man schließlich nach links zum Strandbad abzweigt.

Durch den Ort nach Freudenberg Am Seeuferweg geht es weiter und wieder zur Bundesstraße hinaus. Gegenüber der Sparkasse, aber noch vor der Kirche, muss man links abzweigen, die Kirche südlich umrunden und im Winkelwerk auf schmalen Fußwegen durch den Ort und zum Spielplatz, wo wieder das Ufer erreicht wird. Anschließend durchquert man den großzügigen Kurpark, erreicht beim Café Milchhäusl eine Asphaltstraße und wandert auf ihr nach Freudenberg. Von dort geht es gegen Westen zur Bahnstrecke. Unmittelbar vor dem Schienenstrang dreht

der Weg links ab, steigt ein paar Meter an, quert einen Weg und fällt auf einem steilen Stufenweg nach Süden ab. Auf dem Fahrweg überquert man vorsichtig die Bahnstrecke und hat schon bald wieder den Ausgangspunkt erreicht.

Schräges Winterlicht verzaubert die Welt am Schliersee.

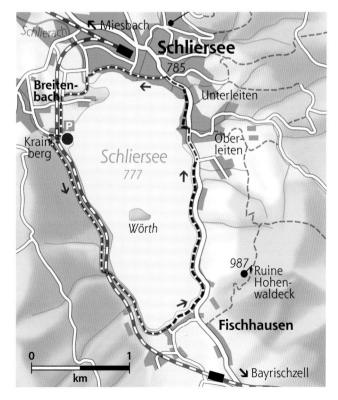

28 UM DEN SPITZINGSEE
Seespaziergang im Schatten von Rotwand und Stümpfling

leicht 2,8 km 20 m 0.45 Std.

ROUTENVERLAUF
Parkplatz bei der Taubensteinbahn –
Wurzhütte – Nordufer – Taubensteinbahn

CHARAKTER
Einfacher, sehr beliebter Seerundweg
mit schönen Ausblicken und Einkehrmöglichkeiten

AUSGANGS-/ENDPUNKT
Gebührenpflichtiger Parkplatz unter der
Taubensteinbahn (1068 m)

ANFAHRT
Mit dem Auto von Fischhausen-Neuhaus
in Richtung Bayrischzell, nach rechts auf
der Spitzingstraße zum Ausgangspunkt;
mit dem Bus ab Oberlandbahn-Bahnhof
Fischhausen-Neuhaus

GEHZEIT: 0.45 Std.

MARKIERUNG
Wegtafeln

KARTE
Kompass Wanderkarte 1:50 000, Blatt 8
(Tegernsee – Schliersee – Wendelstein)

EINKEHR
Zahlreiche Gasthäuser, Cafés und Hotels in
der Ortschaft Spitzingsee
Wintersportmöglichkeit
Eislauf auf dem Spritzingsee,

WINTERSPORTMÖGLICHKEIT
Eislauf auf dem Spritzingsee, Skifahren an
Taubenstein, Lyra-Alm und Stümpfling

INFORMATION
Schliersee – Neuhaus – Spitzingsee,
Tel. 08026/606 50, www.spitzingsee.de

Am Spitzingsee kann es an schönen Wintertagen bisweilen wie auf einem Ameisenhaufen zugehen. Nicht nur engagierte Brettlrutscher haben die Lifte an der Lyra-Alm und am Taubenstein wiederentdeckt, seit es wenigstens auf einigen Pisten Schneekanonen gibt. Auch Eisläufer kommen zuhauf, denn der See friert im Winter beinhart zu, und deshalb kommen Kufenflitzer voll auf ihre Kosten. Der kleine Spitzingsee liegt auf einer Höhe von mehr als 1000 Metern. Deshalb braucht sich niemand zu wundern, dass es in der Seemulde grimmig kalt sein kann, vor allem, wenn man im Hochwinter bei tief stehender Sonne noch im Schatten unterwegs ist. Wer meint, er komme vorsichtshalber erst am Mittag oder Nachmittag, kann das Pech haben, keinen Parkplatz mehr zu erwischen. Und der Bus fährt leider nicht zu oft hinauf zum Spitzingsee.

Vor eindrucksvoller Kulisse Vom großen, nicht gerade billigen Parkplatz unter der Taubensteinbahn, am Ostufer des kleinen Spitzingsees, folgt man dem Wanderweg am Seeufer entlang. Dabei lässt man den Straßentunnel links liegen und spaziert gemütlich vor der eindrucks-

Es hat geschneit!

Wer sich traut und gut ausgerüstet ist, kann auch im Winter auf die Brecherspitze steigen, die sich direkt über dem Spitzingsee erhebt.

vollen Kulisse der tief verschneiten Berge Stolzenberg, Rotkopf, Rosskopf und Bodenschneid den winterlichen See entlang. Schon bald kommt man zum Bergdorf Spitzingsee. Oder sollte man besser Hotelstadt sagen? Die Seepromenade führt an den Hotelanlagen vorbei, bis schließlich beim Postgasthof und Seecafé St. Bernhard die Autostraße erreicht wird. Neben ihr überquert man auf einer Brücke den südlichen Seeauslauf und kommt an der historischen Wurzhütte vorbei.

Durch Wald und über (feuchte) Wiesen Der Seerundweg biegt vor der Klausenhütte nach rechts von der Straße ab und verläuft am Südufer als relativ schmaler Wanderpfad gegen Westen weiter. Dabei führt er an der Bootsvermietung vorbei und im weiteren Verlauf vom Seeufer ein bisschen nach links weg. Dann knickt er rechts ab, verläuft bei der Abzweigung geradeaus und wieder zum See hinaus. Bei einem kleinen Rastplatz biegt der Rundweg nach links ab und führt neben

einer Hütte in den Wald hinein, auf einem Steg über einen Bach und in feuchte Wiesen am nördlichen Westufer. Am Ende der freien Wiese muss man nach rechts abbiegen, um das Ufer wieder zu erreichen. Am nördlichen Seespitz schwenkt der Uferweg nach rechts ab und erreicht gleich darauf wieder den Ausgangspunkt.

AUF DIE FIRSTALMEN

Vom westlichen Seeufer könnte man auf geräumtem Fahrweg ohne größere alpinistische Leistung zu den Wirtshäusern Untere und Obere Firstalm am Fuß der Bodenschneid in etwa einer Dreiviertelstunde aufsteigen. Wer genug Zeit hat, sollte sich dieses lohnende Vergnügen gönnen.

29 IM LEITZACHTAL
Von Fischbachau nach Oberachau

leicht | 7,7 km | 50 m | 2 Std.

ROUTENVERLAUF
Lehenpoint – Oberachau – Untergschwend – Lehenpoint

CHARAKTER
Einfache Wanderung an der Leitzach mit einer kleinen Schlaufe bei Untergschwend

AUSGANGS-/ENDPUNKT
Parkplatz in Lehenpoint bei Fischbachau (772 m)

ANFAHRT
Mit dem Auto auf der A 8 nach Weyarn, von dort über Miesbach durch das Leitzachtal oder über Hausham, Fischhausen-Neuhaus und Aurach nach Fischbachau und zum Ausgangspunkt; mit der Oberlandbahn von München nach Fischbachau

GEHZEITEN
Lehenpoint – Oberachau 1 Std. – Untergschwend 10 Min. – Lehenpoint 50 Min.

MARKIERUNG
Wegtafeln

KARTE
Kompass Wanderkarte 1:50 000, Blatt 8 (Tegernsee – Schliersee – Wendelstein)

EINKEHR
Unmittelbar an der Route gibt es keine Möglichkeit, aber zum Winklstüberl ist es nicht weit (siehe Tipp)

WINTERSPORTMÖGLICHKEIT
Skilanglauf im Leitzachtals auf geplegten Loipen.

INFORMATION
Fischbachau, Tel. 08028/876, www.fischbachau.de

Über die landschaftliche Pracht des Leitzachtals muss man nichts erzählen, man muss sie sehen! Eingesäumt vom markanten Wendelstein mit seinen vielen Trabanten, die nach Norden ins weite Oberland auslaufen, spaziert man in dieser beschaulichen Gegend durch eine Voralpenlandschaft, die ihresgleichen sucht. Das weiß die einheimische Bevölkerung genau, und ihr ist auch bewusst, dass die schöne Gegend ihr größtes Kapital ausmacht. Deshalb pflegt sie sie außerordentlich, und auffällige Bausünden wird auch der kritische Beobachter nicht finden. Klar, dass in diesem schönen Tal auch Brauchtum und Tradition eine große Rolle im Leben spielen.

Im Anblick des Breitensteins Vom Wander- und Langlaufparkplatz im westlichen Fischbachauer Ortsteil Lehenpoint geht man an der Leitzachbrücke nach Norden vorbei und folgt erst einmal dem Uferweg. Er führt zwischen der Langlaufloipe (die man bitte nicht zu Fuß betritt) und der Leitzach geradewegs nach Norden. Gleich zu Beginn der Wanderung geht es an einem Feuchtbiotop vorbei. Am Ufer wächst dichtes Buschwerk, und erst bei den naturnah angelegten Wehranlagen öffnen sich freie Blicke

Rechte Seite:
Freier Flusslauf
der Leitzach
bei Fischbachau

Wasserspiele
an der Leitzach

zum Breitenstein hinüber. Kaum merklich dreht der Weg zusammen mit dem Gebirgsfluss ein wenig nach links ab. Dadurch ändern sich die Landschaftsbilder. Neben einem großen Stadel quert der Wanderweg eine Straße und folgt dem Flussufer in der gleichen Richtung. Im weiteren Verlauf durchquert man ein kurzes Waldstück, kommt auf einem Steg über einen Bachlauf und wandert mal auf freien Wiesen, dann wieder zwischen Gebüsch, bis nochmals ein Fahrweg erreicht wird.

In engem Bogen über Untergschwend zurück Dort biegt die Route nach rechts ab, überquert die Leitzach nach Nordosten und schwenkt sogleich nach links. Man wandert zum Waldrand hinauf, in den Wald hinein und zu einer großen Wagenremise bei Oberachau. Dort verzweigt sich das Sträßchen. Die Route biegt nach links, fällt etwas ab, führt neben einer Furt auf einem Steg über einen Bach und auf eine große Wiese. Bei der folgenden Abzweigung geht es nach links weiter, über die Leitzach und an einem alten Hof vorbei. Dort darf man nicht nach links dem Loipenverlauf folgen, sondern wendet sich auf dem Fahrweg gegen Westen zum Wald hinauf. Der Weg führt durch ein paar Kehren zum Hof von Untergschwend. Von diesem einsamen Bauernhof wandert man nach Süden auf asphaltierter, aber kaum befahrener Autostraße zum Wald hinüber. Gleich nach dem Waldrand zweigt man nach links auf einen unmarkierten Schlepperweg ab. Er führt schon bald aus dem Wald heraus und fällt in Kehren nach Südosten ab. An einem Stadel endet der Fahrweg. Von dort geht es geradewegs über die freie Wiese weglos weiter, bis neben der Leitzach der Hinweg erreicht wird. Auf ihm kehrt man nach Lehenpoint zurück.

INS WINKLSTÜBERL

Das schöne Leitzachtal bietet eine Reihe weiterer Wanderungen oder Alternativrouten an. Besonders lohnend wäre es beispielsweise, bei der ersten Brücke auf der geschilderten Route nach rechts abzudrehen und über Mühlkreit zum berühmten Winklstüberl auf eine Kuchen- und Kaffeepause zu spazieren. Information unter www.winklstueberl.de

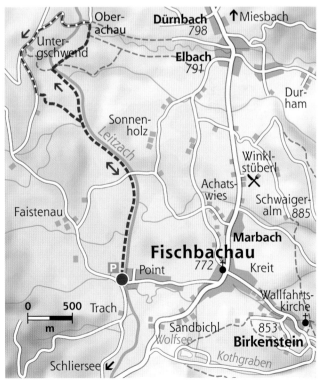

121

Freier Ausblick von der Schiffsanlegestelle in Gstadt zur Fraueninsel

Münchner Osten, Chiemgau und Rupertigau

30 EBERSBERGER WEIHERKETTE
Zu Egglburger See und Ludwigshöhe

leicht   5,0 km   70 m   1.30 Std.

ROUTENVERLAUF
Ebersberg (Klosterseehotel) – Seeweberhof – Egglburger See – Ziegelhof – Villa Hubertus – Ludwigshöhe (Aussichtsturm) – Klosterseehotel

CHARAKTER
Nette, kurze Rundwanderung entlang der Ebersberger Weiherkette mit vielen sonnigen Wegetappen; großartiger Alpenblick vom Ebersberger Aussichtsturm

AUSGANGS-/ENDPUNKT
Ebersberg, Parkplatz beim Hotel Klostersee (557 m)

ANFAHRT
Mit dem Auto auf der B 304; S-Bahn Linie S 4 ab München

GEHZEITEN
Ebersberg – Egglburger See 0.30 Std. – Ludwigshöhe (Aussichtsturm) 0.45 Std. – Ebersberg 0.15 Std.

MARKIERUNG
Wegtafeln und Markierungszeichen

KARTE
Kompass Wanderkarte 1:50 000, Blatt 181 (Rosenheim – Bad Aibling)

EINKEHR
Klosterseestüberl am Ausgangspunkt und Ebersberger Alm

WINTERSPORTMÖGLICHKEIT
Eislauf auf den Seen der Weiherkette

INFORMATION
Ebersberg, Tel. 08092/825 50, www.ebersberg.de

Die Ebersberger Weiherkette geht auf den Abt Altmann zurück, der im Jahr 1040 das kleine Flüsschen Ebrach aufstauen ließ, um ein geeignetes Gewässer für die Fischzucht zu haben. Seit 1970 ist der größte See der Weiherkette, der Egglburger See, unter Naturschutz gestellt. Zum Baden eignet er sich nicht, weil das Wasser viel zu trüb ist, doch zum Eislaufen und Eisstockschießen ist er nahezu ideal. Aber auch nur zum Schauen und Wandern findet man dort ein ideales Gebiet.

Wiesen und Alleen Vom Parkplatz folgt man dem schönen Spazierweg neben dem Klostersee nach Südwesten, kommt am Wildweiher und dem Langweiher vorbei und nach einer im Hochwinter sehr kühlen Talsenke zum kleinen Seeweberweiher, neben dem der schmucke Seeweberhof steht. Gleich hinter der Straßenkreuzung, wo man geradeaus weitergeht, stößt der Weg auf eine Allee von alten, stämmigen Eichen. Diese führt am Nordostufer des Egglburger Sees dahin und trifft schließlich auf den prächtig gelegenen Ziegelhof. Dort muss man nach rechts abdrehen und rund 100 Meter weit gegen Nordosten zu einer Kreuzung wandern. Auf ihr schwenkt die Route nach links, verläuft auf einer weiteren Allee nach Norden zum Waldrand dahin und zweigt dann nach rechts auf den markierten und beschilderten Wanderpfad ab.

Durch Wald zum Lehrpfad Auf dem Wanderpfad geht es nun gegen Osten im Wald bergauf. Im Hochwald weitet sich der schmale Pfad. Anschließend gelangt man in einem Rechtsbogen wieder zum Waldrand hinaus und auf dem Endmoränenzug zum aussichtsreichen, sonnigen Rastplatz bei der Wegkreuzung nahe der Villa Hubertus. Auf dem markierten Spazierweg geht man den Waldrand entlang, nach Osten weiter und links abdrehend in dichten Wald hinein. Der markierte Wanderweg

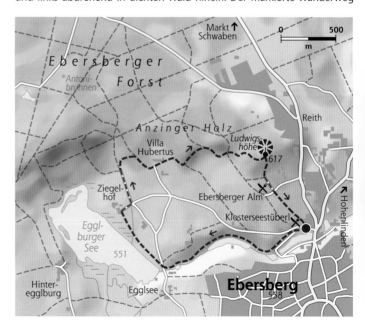

Vorsicht! Bei Verei-sung ist der Aufstieg auf den Ebersberger Aussichtsturm sehr gefährlich!

führt an einer Unterstandshütte vorbei und steil zu einem Moränenhügel hinauf, wo er auf einen Waldlehrpfad stößt.

Zum Ebersberger Aussichtsturm Dem Waldlehrpfad gegen Osten folgend erreicht man den Ebersberger Aussichtsturm auf der Ludwigshöhe. Im Winter ist die Besteigung des Aussichtsturms nicht ganz ungefährlich. Er wird nämlich nicht geräumt und gesandet, und bei Schnee oder Vereisung kann man auf der langen Betontreppe übel stürzen. Also Vorsicht! Nach dem Besuch der Aussichts-plattform steigt man nach Süden zur Wirtschaft Ebersberger Alm hinab. Ab dem Gästeparkplatz geht es wieder auf einer prächtigen Allee gegen Südosten abwärts, an der Straßenkreuzung geht man geradeaus und kehrt schließlich auf schöner Promenade zum Ausgangspunkt zurück.

AUF DEN BURGBERG

Ein lohnender Abstecher ist der Besuch der im Innenraum gotischen Kirche auf dem Burgberg südlich des Egglburger Sees in Hinteregglburg.

31 RUND UM DEN SIMSSEE

Seehatscher im Chiemgau

anspruchs- 15 km 100 m 4.30 Std.
voll

ROUTENVERLAUF
Simssee – Ecking – Pietzing – See – Krottenmühl – Simssee

CHARAKTER
Lange Seeumrundung mit Strecken-abschnitten von sehr unterschiedlichem Charakter: hervorragende Wanderwege, weglose und unübersichtliche Bereiche, Autostraßen und lange Fahrwege; bei hoher Schneelage nicht empfehlenswert; am besten, wenn es aper ist (in diesem tief gelegenen, warmen Chiemseebecken auch im Hochwinter fast normal); am Ostufer keine erkennbaren Wanderwege; dort eine sehr gute Orientierungsgabe erforderlich; die schlechten und schmalen Pfade sind dann kaum aufzufinden.

AUSGANGS-/ENDPUNKT
Bad in Simssee (471 m)

ANFAHRT
Auf der A 8 bis Ausfahrt Rosenheim, dann B 15 und Stn 2095 und 2362 nach Stephanskirchen, auf Nebenstraßen über Baierbach zur Ortschaft Simssee; mit dem Bus ab Rosenheim nach Baierbach

GEHZEITEN
Simssee – Ecking 0.45 Std. – Pietzing 0.30 Std. – Eichaholz 0.30 Std. – Auwies-holz 0.45 Std. – See 0.15 Std. – Krottenmühl 0.30 Std. – Simssee 1.15 Std.

MARKIERUNG
Teilweise Wegtafeln

KARTE
Kompass Wanderkarte 1:50 000, Blatt 181 (Rosenheim – Bad Aibling) oder Blatt 10 (Chiemsee – Simssee)

EINKEHR
Simsseekiosk in Simssee, Mesneralm in Neukirchen, Seewirt in Ecking, Seehaus und Simsseestub'n in Krottenmühl

WINTERSPORTMÖGLICHKEIT
Eislanglauf auf dem Simssee

INFORMATION
Stephanskirchen, Tel. 08036/25 59, www.stephanskirchen.de

Am Nordufer des Simssees

Der Simssee liegt auf einer Höhe von nur 470 Meter mitten im warmen Chiemgau. Mit einer maximalen Wassertiefe von 22 Metern zählt er nicht gerade zu den besonders tiefen Gewässern. Im Sommer wird er deshalb recht warm und ist als Badesee sehr beliebt. Wegen des milden Klimas blühen die ersten Frühlingsblumen am Ufer oft schon im Februar. Wer also mitten im Winter Vorfrühlingsfreuden genießen möchte, sollte an den Simssee kommen.

Im Auwald nach Ecking Im Prinzip ist es egal, wo man die Seeumrundung beginnt, doch bietet sich der Parkplatz beim Bad in der Ortschaft Simssee an. Von dort folgt man der Promenade durch ein Sport- und Bade-gelände nach Süden. Der als »Seeblickweg« bezeichnete Wanderweg ist nach Ecking beschildert. Schon bald führt der Weg in schönen Auwald hinein. Bei der Kreuzung geht es geradeaus weiter und bei einem alten Wegkreuz durch eine Linkskehre. Bei allen Verzweigungen muss man sich links halten, um soweit wie möglich dem Seeufer zu folgen. Etwa an der südlichsten Stelle des Ufers führt die Luisenbrücke über die Sims, den natürlichen Auslauf des Sees. Anschließend dreht der gute Weg noch weiter nach links ab und führt nach einem scharfen Linksknick direkt an das Ufer. Im weiteren Verlauf kommt man noch einmal über eine Brücke, ehe der Weg auf Ecking zuführt.

Durch Pietzing ins Eichaholz Noch vor der Ortschaft hält man sich an zwei Abzweigungen links und geht gegen Norden am Rande eines Wäldchens durch ein paar Ecken an die Kreisstraße heran. Wer mag, kann das letzte Eck auf einem Trampelpfad über eine Wiese abkürzen und kommt kurz vor dem Seewirt wieder zum Simsseewanderweg. Ihm folgt man nach Nordosten, durchquert einen breiten Schilfgürtel und steigt im

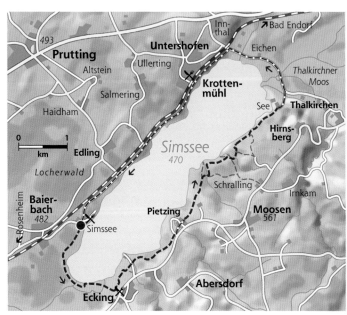

etwas besseren Fahrspur. Bevor sie sich wieder nach rechts aufschwingt, zweigt man auf einer Trittspur nach links ab. Diese fällt steil in einen Bachgraben ab, der sich an einer Stelle aber gut queren lässt. Man geht einen Waldbogen rechts aus, folgt einer schlechten Fahrspur nach links hinauf und hält sich auf dem Netz von groben Forstwegen soweit möglich links. Dabei geht es ein wenig auf und ab und fast zum See hinaus.

Zur Aussicht bei der Lourdesgrotte Am Ufer führt die Route nach Nordosten weiter.

In den warmen Gefilden rund um den Simssee hält der Frühling etwas eher Einzug ...

Auwald etwas bergauf. Kurz vor Pietzing führt der breite Spazierweg fast zur Straße hinaus. Beim Sägewerk kommt man nach Pietzing hinein, das man der Länge nach durchwandert. Dabei hält man sich links auf den Mühlenweg zu, der am Ortsrand in einem Rechts-Links-Schwenk aufwärts führt. Anschließend steigt die Route ein längeres Stück moderat an, ehe sie von einer Kuppe zum Waldrand abfällt. Sie taucht in das Eichaholz ein, wo sie auf dem Forstweg deutlich abwärts führt.

Über dem Seeufer und hinab Bei der Wegkreuzung geht man rechts, gelangt zu einer Brücke, hinter der man sich sofort links hält, um dem schmalen Bach nach Norden hinabzufolgen. Noch vor dem Seeufer geht es auf einen sehr schlechten Rückeweg (= Holzziehweg), der nach rechts ansteigt. Im weiteren Verlauf dreht dieser Forstweg nach rechts ab und wird sehr steil. Dort zweigt nach links ein undeutlicher Waldweg ab. Auf ihm geht es nach Norden weiter. Dieser als Reitweg genutzte Pfad steigt am Waldhang an, weitet sich aber hoch über dem Seeufer zu einer

Bei einer alten Fischerhütte endet die Fahrspur. Nun geht man auf einem undeutlich markierten Steig in der gleichen Richtung weiter, durch ein paar Kehren und anschließend auf einen deutlichen Fahrweg. Er führt durch das Auwiesholz zum Campingplatz in der Ortschaft See, von dort weiter zur kanalisierten Achen. Man quert die Achen auf einer Brücke und folgt der wenig befahrenen Straße nach links abbiegend durch das Simsseemoor. Knapp zwei Kilometer geht man nun am Straßenrand in weitem Linksbogen von Norden nach Westen, durchquert den Weiler Eichen, um schließlich in Krottenmühl anzukommen. Unmittelbar vor der stark befahrenen Eisenbahnstrecke München – Salzburg zweigt nach links die schmale Seestraße ab. Sie führt nun ein elend langes Stück nach Südwesten das Seeufer entlang. Hinter Krottenmühl zweigt ein kurzer Stich zum Ufer ab, wo man bei der Lourdesgrotte einen wunderschönen Rast- und Aussichtsplatz findet. Schließlich wird nach langem Straßenmarsch das Ortsschild von Simssee erreicht. Dort dreht die Straße links ab und führt zum Ausgangspunkt zurück.

... als in den benachbarten Chiemgauer Alpen, die sich über dem See in majestätischer Schönheit erheben.

32

VON HARTMANNSBERG NACH EGGSTÄTT
Durch die Eggstätt-Hemhofer-Seenplatte

leicht · 10 km · 20 m · 3 Std.

ROUTENVERLAUF
Hartmannsberg – Kesselsee – Einbessee – Hartsee – Kautsee – Schlosssee – Hemhof– Hartmannsberg

CHARAKTER
Beliebte Seerundwanderung in schöner Landschaft

AUSGANGS-/ENDPUNKT
Wanderparkplatz Hartsee in Hartmannsberg (538 m)

ANFAHRT
Mit dem Auto auf der A 8 bis Bernau, dann über Prien und Rimsting zum Ausgangspunkt

GEHZEITEN
Hartmannsberg – Eggstätt 1.15 Std. – Hartmannsberg 1.45 Std.

MARKIERUNG
Wegtafeln

KARTE
Kompass Wanderkarte 1:50 000, Blatt 10 (Chiemsee – Simssee)

EINKEHR
Gasthof Hartmannsberg

WINTERSPORTMÖGLICHKEIT
Eislauf auf den Seen der Weihenkette

INFORMATION
Eggstätt, Tel. 08056/15 00, www.eggstaett.de

Vor rund 10 000 Jahren entstand nach der Würmeiszeit die sogenannte Eggstätt-Hemhofer-Seenplatte. Sie ist eine typische Eiszerfallslandschaft mit Toteiskesseln, Hügeln, Seen und Mooren und gehört zu den wertvollsten ökologischen Juwelen des bayerischen Alpenvorlandes. Dieser unter Naturschutz stehende Lebensraum gewährt zahlreichen seltenen Pflanzengesellschaften eine Heimat und bietet vielen gefährdeten Tier- und Pflanzenarten Schutz. Für Sumpf- und Wasservögel ist er als Brut- und Rastplatz von besonderer Bedeutung. Um diesen Lebensraum nicht zu stören, sollten Wanderer die ausgewiesenen Wanderpfade nicht verlassen. Es gibt in der Seenplatte ein ausgebautes Netz an interessanten Wegen, die gut beschildert und nicht zu verfehlen sind.

Gut beschilderte Rundwege in der Eggstätt–Hemhofer–Seenplatte

Winterliche Stille am Nordufer des Hartsees

Auf der Römerstraße Vom Wanderparkplatz bei Hartmannsberg folgt man dem beschilderten Rundweg nach Eggstätt und dem Wanderweg zur Seenplatte nach Norden. Schon nach ein paar Minuten kommt man am ersten Eislaufweiher und gleich darauf am Kesselsee rechts vorbei. Am östlichen Ufer des Kesselsees zweigt der Weg an beschilderter Stelle rechts ab und steigt im Wald ein wenig an. Er führt das malerische Südufer des kleinen Einbessees entlang und kommt zu einem Sträßchen. Dort muss man nach rechts der alten Römerstraße folgen. »Umara zwoahundertvierazwanzge im Mai san da d'Römer vorbei« steht auf einem geschnitzten Baumstamm zu lesen. Dort gabelt sich der Forstweg.

Hart, aber herzlich An der Gabelung muss man links abdrehen und ein paar Meter weiter sich wieder links halten, um dem breiten Weg zu folgen, der in Richtung Hartsee abfällt. Noch vor dem Uferstreifen dreht die Promenade rechts ab und führt im Wald gegen Nordosten lange das Ufer entlang, an

131

Eggstätt vorbei und zum Wasserwachtgebäude am Badegelände. Im weiteren Verlauf kommt man zur Autostraße, neben der ein Fuß- und Radweg nach Nordwesten führt. Er quert einen Bach und führt bei den Wegtafeln wieder nach links zum Hartsee hinaus. Dann verlässt er gegen Westen den See und läuft im Wald auf den Achenberg zu.

Man bleibt bei allen Verzweigungen auf dem Hauptweg, bis schließlich auf einem Steg die Achen zwischen Pelhamer- und Hartsee gequert wird. Hinter der Achen steigt der Pfad ein paar Meter deutlich an. Auf der Scheitelstrecke verzweigt sich die Route.

Dort muss man schräg nach links abbiegen und in weitem Bogen bergabsteigen. Auf einem Steg geht es über die Wasserverbindung zwischen Kautsee und Hartsee. Kurz bevor der breite Wanderweg zur Engstelle zwischen Hartsee und Einbessee abfällt, zweigt die Route nach rechts ab und führt am Nordufer des Einbessees gegen Westen entlang. Bei der Verzweigung wandert man geradeaus weiter, an einem Seitenarm des Kautsees vorbei, an der Verzweigung nach links und um den Nordzipfel des Schlosssees herum.

Wegkreuz, Gedenkstein und Schloss Hartmannsberg Nach einem kurzen Anstieg geht es aus dem Wald heraus, über die Loipe und an Stephanskirchen auf freiem Feld östlich vorbei. Kurz vor Hemhof verzweigt sich die Straße. Dort steht ein sehr altes Wegkreuz und daneben ein Gedenkstein, der zum christlichen Andenken im Gebet an Herrn Anton Bauer, Färbermeister von Hemhof, mahnt, der am 22. Juni 1874 im 55. Lebensjahr auf freiem Felde bei der Heimfahrt mit einem Fuder Heu vom Blitz erschlagen wurde. R.I.P. Beim Wegkreuz muss man nach links abbiegen und der Asphaltstraße nach Süden zur St 2095 folgen. Neben der stark befahrenen Autostraße am Schloss Hartmannsberg, dem Langbürgner See und dem Gasthaus Schlosssee vorbei gelangt man zum Ausgangspunkt zurück.

Die Natur hält Winterschlaf (am Einbessee).

KULTUR IN SCHLOSS HARTMANNSBERG

Das 1994 vom Landkreis Rosenheim erworbene Schloss, das zwischen Langbürgner und Schlosssee liegt, wurde erstmals im Jahr 1166 als »Wasserburg Hademarsperch« erwähnt. Es gehörte damals zu den vier Burgen (neben Neuburg, Falkenstein und Hernstein) des Adelsgeschlechtes der Falkensteiner. Heute wird dort jährlich ein umfassendes Kunst- und Veranstaltungsprogramm verwirklicht.

33 ÜBER DEN CHIEMSEE

Auf der Fraueninsel

leicht · 1,5 km · 8 m · 0.30 Std.

ROUTENVERLAUF

Nördlicher Anlegesteg – Klosterkirche – nördlicher Anlegesteg

CHARAKTER

Kurzer Spaziergang rund um Frauenwörth

AUSGANGS-/ENDPUNKT

Nördlicher Anlegesteg auf der Fraueninsel

ANFAHRT

Mit dem Auto auf der A 8 bis Ausfahrt Bernau, dann auf der B 305 bis Prien; von dort über Rimsting und Breitbrunn nach Gstadt, mit dem Schiff zur Fraueninsel

GEHZEITEN

Nördlicher Anlegesteg – Klosterkirche 0.15 Std. – nördlicher Anlegesteg 0.15 Std.

MARKIERUNG

Nicht notwendig

KARTE

Kompass Wanderkarte 1:50 000, Blatt 10 (Chiemsee – Simssee)

EINKEHR

Einige Gasthäuser auf der Fraueninsel und in Gstadt

INFORMATION

Gstadt, Tel. 08054/442, www.gstadt.de

Die Insel Frauenchiemsee fällt deutlich kleiner aus als die benachbarte Insel Herrenchiemsee mit dem berühmten Königsschloss. Nur die dazwischen liegende Krautinsel ist noch kleiner. Doch erwarten auf der Fraueninsel den Besucher interessante Attraktionen. Hauptsehenswürdigkeit ist die Klosterkirche, die zu den ältesten kirchlichen Großbauten im süddeutschen Raum gehört. Die Kirche ist wahrscheinlich im 11. oder frühen 12. Jahrhundert entstanden. Weil es keinerlei Bauunterlagen gibt, ist man auf die Analyse des Bauwerks angewiesen. In der Kirche ist im Jahr 866 die selige Irmengard beigesetzt worden. Deshalb liegt die Vermutung nahe, dass der Grundriss auf die karolingische Epoche (9. Jahrhundert) zurückgeht. Außer der Irmengardkapelle gibt es in der Kirche natürlich noch weitere kunstvolle Sehenswürdigkeiten. Dazu gehört die während der Weihnachtszeit (bis Lichtmess) in der Maria-Mitleid-Kapelle aufgestellte Krippe. Sie zählt zu den schönsten bayerischen Barockkrippen und wurde 1627 angeschafft. Allerdings gibt es aus dieser Zeit nur noch wenige der zwischen 50 und

HERRENCHIEMSEE

Die Fraueninsel ist nicht die einzige Attraktion im Chiemsee. Touristischer Hauptanziehungspunkt ist die Herreninsel mit dem berühmten Königsschloss, ein Ziel, das sich jedoch mehr für den Sommer eignet. Bei starkem Eis – wie im strengen Winter 2005/ 2006 – kann man die Insel von Urfahrn aus sogar zu Fuß erreichen.

Vor der Überfahrt von Gstadt zur Fraueninsel

70 cm hohen Figuren. Die meisten stammen aus dem 18. Jahrhundert.

Auf dem Uferweg zum Kloster Frauenwörth Vom Schiffsanlegesteg auf Frauenchiemsee an der Nordseite der Insel folgt man dem Uferweg nach rechts, also gegen Westen. Schon nach kurzer Strecke wendet sich die Promenade nach links, und es öffnet sich bei klarem Wetter oder gar Föhn ein wunderbarer Blick über den Chiemsee in die Bayerischen Voralpen und die Chiemgauer Alpen. Nach kurzer Wanderung sieht man auf den markanten Turm der Kirche der katholischen Kuratie Frauenchiemsee und der Benediktinerinnenabtei Frauenwörth. Charakteristisch ist die Form ihres Zwiebelturms. Neben den Bootsstegen der Chiemseefischer kommt man nach fünf Minuten Gehzeit an der Torhalle vorbei und gleich darauf zur Klosterkirche Frauenwörth und zum Kloster.

Am Ostufer zurück Nun führt der Weg zum Südufer weiter und, sich links haltend, auf der Ostseite der Insel nach Norden am Hauptsteg vorbei und zur Inselgalerie. Bei

EINE EIGENE, KLEINE WELT – FRAUENCHIEMSEE

Nach der Herreninsel ist die landschaftlich reizvolle Fraueninsel, wie die etwa 300 Meter breite und 600 Meter lange Insel Frauenchiemsee auch genannt wird, die zweitgrößte der drei Inseln im Chiemsee. Dauerhaft wohnen auf ihr etwa 300 Einwohner. Geprägt wird die Insel vom Benediktinerinnen-Kloster Frauenwörth, das im Jahr 772 durch Herzog Tassilo III. von Bayern gegründet wurde, in den Jahrhunderten danach geschichtlichen Wirren trotzen musste und sich bis 1995 vorrangig der Mädchenerziehung widmete. Das Kloster gilt als Wallfahrtsort zur seligen Irmengard, der Schutzpatronin des Chiemgaus. Die Klosterkirche ruht auf Fundamenten aus karolingischer Zeit, das heutige Kirchengebäude stammt aus dem 11. Jahrhundert. Erwähnenswert ist auch eine bis heute erhalten gebliebene karolingische Vorhalle. Im 12. Jahrhundert kam der nordwestlich vor der Kirche frei stehende Glockenturm dazu, die barocke Zwiebelhaube wurde 1626 aufgesetzt, zwischen 1688 und 1702 erhielt die Kirche die heute noch erhaltenen Barockaltäre.

ihr muss man nach rechts abbiegen und fast bis zum Ufer weiter. Dort biegt man wieder nach links ab und wandert geruhsam auf dem guten Weg an kleinen Hafenbecken vorbei, bis nach einer Linkskurve der Nordsteg und damit der Ausgangspunkt erreicht ist.

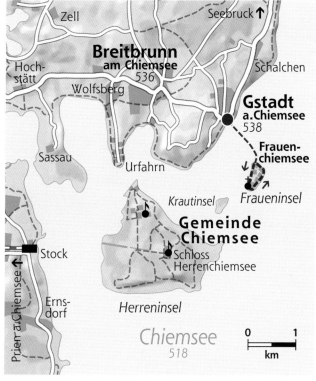

34 LÖDENSEE, MITTERSEE UND WEITSEE

Von der Lödenalm nach Seegatterl

mittel 9 km 100 m 3 Std.

ROUTENVERLAUF

Lödenalm – Lödensee – Mittersee – Weitsee – Seegatterl

CHARAKTER

Schöne Sonnenwanderung, die an drei Chiemgauer Bergseen entlang durch ein beliebtes Langlaufgebiet führt. Bitte die Loipen nicht betreten!

AUSGANGS-/ENDPUNKT

Parkplatz nordwestlich der B 305 in der Nähe der Lödenalm, etwa 8 km nordöstlich von Seegatterl (773 m)

ANFAHRT

Mit dem Auto auf der A 8 bis Bernau und der B 305 über Reit im Winkl und Seegatterl zum Ausgangspunkt; mit dem Bus ab Ruhpolding

GEHZEITEN

Lödenalm – Seefischerkaser 1 Std. – Bürgl 1 Std. – Seegatterl 1 Std.

MARKIERUNG

Keine

KARTE

Kompass Wanderkarte 1:50 000, Blatt 14 (Berchtesgadener Land – Chiemgauer Alpen)

EINKEHR

Sachenbacher Alm und Alpenhof Seegatterl am Zielpunkt der Wanderung

WINTERSPORTMÖGLICHKEIT

Skilanglauf, Eislauf im gesamten Bereich der Route

INFORMATION

Reit im Winkl, Tel. 08640/800 27, www.reit-im-winkl.de

Eigentlich ist es schade, dass die Bundesstraße 305 entlang den drei schönen Bergseen Lödensee, Mittersee und Weitsee verläuft. Doch kann man dem Autolärm und den Abgasen entgehen, wenn man die hier geschilderte Route wählt, die abseits der Straße durch eine urtümliche Landschaft führt. Insgesamt ist diese Wanderung nicht sehr schwierig, wenn auch die Orientierung etwas Konzentration verlangt. Folgt man allerdings dem kaum erkennbaren Weg um die Bürgl herum, kann die Sache kritisch werden, wenn der See nicht zugefroren ist. Bei tragfähiger Eisdecke gibt es auch dort keine Probleme.

Am sonnigen Nordufer von Löden- und Mittersee Vom Parkplatz geht man erst einmal am Straßenrand nach Süden in Richtung Reit im Winkl zurück, durchquert eine breite Reisse und tritt dann auf einem Fahrweg nach rechts in lichten Wald ein. Neben der Loipe führt die Route nun ein wenig abwärts, und man muss die Langlaufstrecke nach rechts verlassen, um einen trockenen Bachgraben gegen Nordwesten zu queren. Hinter ihm gelangt man auf einen Wanderweg, der am sonnigen Nordufer über dem zugefrorenen Lödensee in schütterem Wald nach Westen weiterführt. Man kommt an einem Brotzeitstüberl vorbei, das vor allem bei Langläufern beliebt ist. Fast nahtlos geht nun der Lödensee in den Mittersee über.

Durch Wald zum Weitsee-Südufer Hinter dem See kommt man an einem Sturzbach vorbei und gleich darauf zu einem Parkplatz an der B 305. Dort überquert man nach links die Autostraße und geht vorsichtig rund 100 Meter neben der Leitplanke nach Westen, bis nach links ein Weg zu einem Steg abfällt. Ihm folgt man über den Verbindungsbach zwischen Mittersee und Weitsee und wandert in freiem Gelände nach Süden zum Seefischerkaser. Dort gabelt sich der Weg, und die Route führt nach schräg rechts weiter. Am Rand der Loipe folgt man dem Wegweiser Seegatterl – Reit im Winkl. Es geht nun im Wald hinauf, dann muss man rechts abbiegen und bei der Straßengabelung

Die Lödenalm am Ausgangspunkt der Wanderung

LANGLAUFPARADIES

Bei genügend hoher Schneelage lässt sich fast die gesamte Wanderung auf gepflegten Loipen mit Langlaufski bewältigen.

wieder rechts auf dem Rad- und Wanderweg abwärtsgehen. Südlich des Weitsees führt die Route auf gutem Weg dahin. Hier sollte jeder für sich prüfen, ob es seine aktuelle Tagesform erlaubt, schwierige und vielleicht vereiste Felspassagen über nicht gefrorenem Seewasser zu bewältigen. Wenn nicht, dann sollte man hier die Bürgl südlich »abschneiden«.

Sportlich um die Bürgl herum Unter der Bürgl wird es kritisch, wenn man nicht auf dem Eis die schwierigeren Wegstrecken überlisten kann. Der Fahrweg endet nämlich, und auf schmalem Steig kommt man an einen felsigen Abbruch über dem See heran. Bei trockenem Fels kann man mit vertretbarem Risiko ein paar Meter luftig hinunter kraxeln und dann auf schmaler Trittspur direkt am Wasser links um die Bürgl herumgehen. Dann wird der ursprünglichste Teil der Wanderung erreicht. Auf dieser schmalen Trittspur führt die Route nach Süden zum Antenzagl und erreicht den Fahrweg, auf dem man die Bürgl auf ihrer Südseite hätte abschneiden können. Dieser Fahrweg hält geradewegs auf das Evangelische Jugend-Bildungshaus Wiedhölzlkaser zu. Von ihm auf einer Straße gegen Süden hinauf, in den Wald

hinein und bei der Straßeneinmündung rechts weiter.

Bei der Wirtschaft Sachenbacher Alm wird wieder die laute Bundesstraße erreicht, an deren Rand man auf dem Wanderweg die letzten Meter nach Seegatterl überwindet. Will man zum Ausgangspunkt zurück, ist man auf den Linienbus oder einen freundlichen Autofahrer angewiesen.

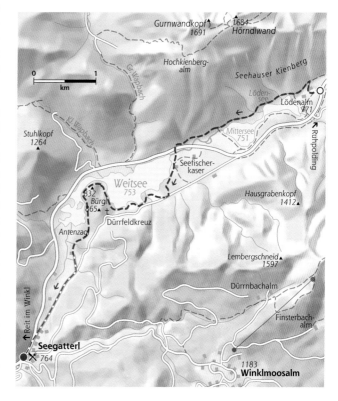

35 VON RAMSAU NACH HINTERSEE

An der Ramsauer Ache durch den Zauberwald

leicht   8 km   100 m   2.45 Std.

ROUTENVERLAUF
Ramsau – Gletscherquellen – Marxen-klamm – Zauberwald – Hintersee – Ramsau

CHARAKTER
Kurze, landschaftlich wunderschöne Rund-wanderung im Schatten der Berchtesgade-ner Bergriesen

AUSGANGS-/ENDPUNKT
Ramsaukircherl (670 m)

ANFAHRT
Mit dem Auto auf der A 8 bis Ausfahrt Piding, auf der B 21 über Bad Reichenhall bis Unterjettenberg und auf der B 305 nach Ramsau oder von Bad Reichenhall auf der B 20 über Berchtesgaden und nach Westen auf der B 305 nach Ramsau; mit dem Bus ab Bahnhof Berchtesgaden

GEHZEITEN
Ramsau – Hintersee 1.30 Std. – Ramsau 1.15 Std.

MARKIERUNG
Wegtafeln

KARTE
Kompass Wanderkarte 1:50 000, Blatt 14 (Berchtesgadener Land – Chiemgauer Alpen)

EINKEHR
Zahlreiche Wirtshäuser an der Strecke

WINTERSPORTMÖGLICHKEIT
Eislauf auf dem Hintersee

INFORMATION
Ramsau bei Berchtesgaden, Tel. 08657/98 89 20, www.ramsau.de

Das idyllische Ramsaukircherl hat wohl jeder – wenigstens auf dem Foto – schon mal gesehen. Dort beginnt diese Wanderung entlang der Ramsauer Ache, und es warten noch mehrere Attraktionen auf den interessierten Wanderer. Lassen Sie sich überraschen!

Zur wilden Marxenklamm   Unter der berühmten Kirche von Ramsau quert ein Holzsteg die Ramsauer Ache. Unmittelbar hinter ihm verläuft eine Promenade die Ramsauer Ache gegen Westen hinauf. Auf ihr geht man an ein paar Wohnhäusern vorbei zum Parkplatz bei der Pfeiffen-macherbrücke auf einem Fahrweg gegen Westen in Richtung Hinter-see. Auf dem Sträßchen steigt die Route ein bisserl an und wendet sich nach links. In dieser Kurve zweigt ein Wanderweg rechts ab und führt zu den Gletscherquellen hinab, die allerdings im Winter meist nicht zu sehen sind.

Das erste Brotzeitstüberl neben dem soliden Holzsteg bei den Wald-quellen ist im Winter meistens geschlossen. Gleich dahinter führt der Wanderweg zur Autostraße hinaus, überquert diese und mündet »Im Zauberwald«. Schon nach ein paar Metern zweigt nach rechts ein Steg über die wilde Marxenklamm ab. Ein Blick auf das in der Tiefe tosende Wasser lohnt sich sehr.

In den »Zauberwald«   Nun geht es auf der Straße am Wirtshaus im Zauberwald vorbei. Dahinter findet man eine Geotop-Infotafel über die Ursachen des gigantischen Bergsturzes, der den Zauberwald erschaffen hat (siehe Kasten). Bei der beschilderten Wegverzweigung führt die Route über den Wildbach und an der folgenden Abzweigung nach links in den Zauberwald hinein. Nun wandert man auf gutem, auch bei Schnee einwandfrei zu begehendem Wanderweg durch eine idyllische Wald- und Wildwassergegend.

Vielfach kopierte Bergkulisse   Nach dem eindrucksvollen Waldspa-ziergang wird schließlich das Ostufer des Hintersees erreicht. Dort führt die Route nach links weiter und folgt neben der Autostraße dem Fußweg am südlichen Seeufer. Beim Wirtshaus Alpenhof dreht sie rechts ab, verläuft zu Füßen der Reiteralpe am Ufer neben der Straße nach Nordosten. Die Tour knickt beim nördlichsten Seezipfel nach rechts ab und führt dann als schöner Wanderweg am male-rischen Nordufer des Hintersees gegen Osten weiter.

> ### AUF DEN WARTSTEIN
> Wenn wenig Schnee liegt, kann man diese relativ kurze Wanderung nach Be-lieben erweitern. Besonders lohnend wäre beispielsweise der Besuch des 893 Meter hohen Wartsteins, der mit einer schönen Rundschau aufwarten kann.

Schließlich quert man nach links ein paar Meter zum Fahrweg hinü-ber, der unter dem Wartstein nach Osten abfällt, bis er in der Nähe des Wirtshauses im Zauberwald wieder den Hinweg erreicht. Auf ihm wan-dert man nach Ramsau zurück.

DIE MARXENKLAMM IM ZAUBERWALD

Nach der Eiszeit – zwischen etwa 1485 und 1655 v. Chr. – führte ein gewaltiger Bergsturz aus dem Oberen Blaueistal dazu, dass der Klausbach aus dem Hirschbichltal zum Hintersee aufgestaut wurde. Heute nennt man den kleinen Wald, der sich auf den Bergsturzmassen angesiedelt hat, »Zauberwald«. Ihn durchfließen ein kurzes Stück Klausbach und Überlauf des Hintersees, vereinigen sich dann zur Ramsauer Ache, die im Laufe der Zeit die Bergsturzmassen durchschnitten hat und heute die Marxenklamm durchtost.

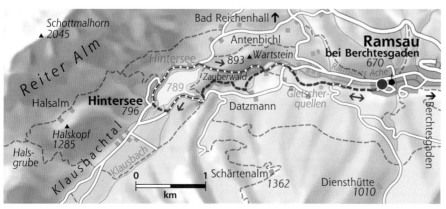

Abertausendmal schon fotografiert und immer wieder schön anzusehen: das Ramsaukircherl mit der Reiteralm

REGISTER

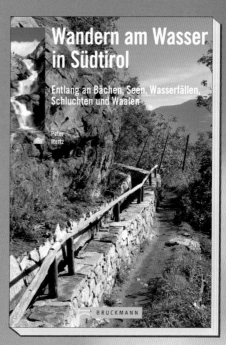

IMPRESSUM

Unser komplettes Programm:

www.bruckmann.de

Produktmanagement: Claudia Hohdorf
Lektorat: Dr. Anne Lagally, München
Layout: BUCHFLINK Rüdiger Wagner, Nördlingen
Repro: Scanner Service S.r.l.
Kartografie: Rolle-Kartografie, Holzkirchen
Herstellung: Thomas Fischer
Printed in Italy by Printer Trento S.r.l.

Alle Angaben dieses Werkes wurden vom Autor
sorgfältig recherchiert und auf den aktuellen
Stand gebracht sowie vom Verlag geprüft. Für die
Richtigkeit der Angaben kann jedoch keine Haftung
übernommen werden.

Für Hinweise und Anregungen sind wir jederzeit dankbar.
Bitte richten Sie diese an:
Bruckmann Verlag
Postfach 80 02 40
D-81602 München
E-Mail: lektorat@bruckmann.de

Bildnachweis:
Alle Fotos im Innenteil und auf der Umschlagrückseite
stammen von Siegfried Garnweidner mit Ausnahme von:
S. 27, 28, 29 (Edmund Garnweidner).
Motiv der Umschlagvorderseite: Ein strahlender Frühlings-
wintertag am Spitzingsee
Motiv der Umschlagrückseite: Winterwanderer am Lödensee

Die Deutsche Nationalbibliothek – CIP-Einheitsaufnahme
Ein Titeldatensatz für diese Publikation ist bei
der Deutschen Nationalbibliothek erhältlich.

© 2007 Bruckmann Verlag GmbH, München
ISBN 978-3-7654-4785-3